IN MEMORIAM
Dora Sievers, geb. Arp
1897-1986

www.glaubenssachen.de

*„Gott ist Geist, und die ihn anbeten,
die müssen ihn im Geist und in der Wahrheit anbeten."
Joh 4,24*

Wilhelm Sievers

Christlicher Glaube für Aufgeklärte

Lutherische Verlagsgesellschaft Kiel

DER AUTOR – Dr. jur., Jg. 1931 – studierte Theologie sowie Rechtswissenschaft in Kiel, Heidelberg, Bonn und Göttingen. 1958 ordiniert, war er Pastor in Kiel, Rickling und Kronshagen. 1971 wurde er Propst in Kappeln, 1986 (-1998) Bischof in Oldenburg. Seit seinem Ruhestand lebt er in Preetz/Holstein.

ISBN 978-3-87503-177-5
© Lutherische Verlagsgesellschaft mbH, Kiel 2014/2016
Alle Rechte vorbehalten
Printed in Germany

INHALT

Literatur 6

Einführung 7

Denken und Glauben.. 11

Das Judentum.. 18

Der Jude Jesus... 27

Den eigenen Weg zu Gott suchen 38

Schöpfung und Evolution 47

Macht des Geistes 54

Der Mensch im Werden 59

Fehlentwicklungen 65

Verantwortung.. 72

Sünde und Schuld 77

Hoffnungsträger des Lebens 85

Das Kreuz: ein Symbol des Lebens 89

Ewiges Leben... 94

Juden und Christen 102

Der Islam... 109

Christentum und Weltreligionen 115

LITERATUR

Auswahl von Schriften, denen ich für diese Arbeit viele Anregungen verdanke:

Baeck, Leo; Das Wesen des Judentums; Fourier 8. Aufl. 1988
Benzine, Rachid; Islam und Moderne – Die neuen Denker; Insel 2012
Bobzin, Hartmut; Der Koran; Beck 7. Aufl. 2007
Brocher, Tobias; Stufen des Lebens; Kreuz 1977
Camus, Albert, Das Frühwerk; 1967
Comte-Sponville, André; Ermutigung zum unzeitgemäßen Leben;
    Rowohlt 1996
Fischer, Michael (Hg.); Da berühren sich Himmel und Erde; Benzinger 98
Hübner, Gerald; Die Macht der inneren Bilder; Göttingen 2004
Jäger, Willigis; Wiederkehr der Mystik; Herder 2004
Joas, Hans (Hg.); Säkularisierung und die Weltreligionen; Fischer 2007
Jörns, Klaus Peter; Notwendige Abschiede; Gütersloh 2004
Khorchide, Mouhanad; Islam ist Barmherzigkeit; Herder 2012
Küng, Hans; Erlebte Menschlichkeit; Piper 2013
Mayer, Karoline; Das Geheimnis ist immer die Liebe; Herder 2006
Meyns, Christoph; Kirchenreform und betriebswirtschaftliches Denken;
    Gütersloh 2013
Neusner, Jacob; Ein Rabbi spricht mit Jesus; Herder 2007
Nishitani, Keiji; Was ist Religion?; Insel 2. Aufl. 1986
Papst Franziskus; Die frohe Botschaft Jesu; Benno 2013
Reder, Michael u.a. (Hg.); Ein Bewusstsein von dem was fehlt;
    Suhrkamp 2008
Roth, Kurt; Meister Eckhart; Beck 1985
Schimmel, Annemarie; Die Religion des Islam; Reclam 11.Aufl. 2010
Schmitt, Eric-Emmanuel; Das Evangelium nach Pilatus; Amman 2005
Schnabel, Ulrich; Die Vermessung des Glaubens; Blessing 2008
Schröder Richard; Die Wiederentdeckung der Bürgertugenden;
    in: Schönhausener Gespräche 1995
Staudinger, Hugo / Horkheimer, Max; Um die Zukunft von Aufklärung
    und Religion; Deutsches Institut für Bildung 1991
Terzani, Titziano; Das Ende ist mein Anfang; Goldmann 2004
Trepp, Leo; Die Juden; Rowohlt 1987

Einführung

Die wissenschaftliche und technische Entwicklung der Neuzeit hat in den Industrieregionen eine von Menschen konstruierte Welt geschaffen, in der Gott nicht mehr vorkommt. In Westeuropa ist damit ein Prozess der Säkularisierung eingeleitet worden. Man hat lange die These vertreten, dass Religion im Prozess der Industrialisierung und Individualisierung immer mehr an Bedeutung verlieren würde. Das Gegenteil ist eingetreten. Religion ist in Westeuropa zumindest durch die Herausforderung des Islam wieder ein Thema. In den anderen Kontinenten gewinnen die Religionen im persönlichen und politischen Leben an Bedeutung und Einfluss.

Religion gehört zum Leben der Menschen. Selbst für Evolutionspsychologen ist es allein die Religion, die den Menschen in einem qualitativen Sinn vom Affen unterscheidet. Entsprechend nennt ein britischer Biologe den Menschen „das betende Tier". Ein Wort, das zunächst befremdend wirkt, aber im Kern die ganze Ambivalenz des Menschen erfasst. Als „Krone der Schöpfung" kann er selbst schöpferisch tätig sein in seinen kulturellen Leistungen, die ihre Wurzeln in der Religion haben. Und er kann ins Tierische zurückfallen bis hin zur Entartung in die Bestialität.

Judentum und Christentum haben eine eigene Geschichte der Entwicklung, Veränderung und Klärung durchlaufen. Die theologische Lehre hat dabei die Aufgabe, den überlieferten Glauben denkend zu verantworten im Kontext der eigenen Zeit. Diese Aufgabe kann bei einschneidenden Veränderungen in der allgemeinen geistigen Entwicklung auch zu tief greifenden Einschnitten in der Tradition der kirchlichen Lehre führen.

In der Geschichte der Kirche hat es mehrere solcher Veränderungen gegeben. Man spricht in diesem Zusammenhang von einem Paradigmenwechsel. Den ersten Wechsel gab es beim Übergang vom Judenchristentum zum hellenistischen Christentum, der mit schwierigen Auseinandersetzungen verbunden war um die jüdischen Ritualgesetze und Speisegebote, die von den Heidenchristen nicht übernommen wurden. Man fand sich aber in der Gemeinschaft des Heiligen Geistes zusammen, unabhängig von der unterschiedlichen religiösen Praxis in den einzelnen Gemeinden. Der zweite erfolgte im frühen Mittelalter mit der Ausbildung der römisch katholischen Kirche, der schließlich im Jahr 1056 zum Bruch mit der Ostkirche führte. Den dritten Wechsel brachte die Reformation, die sich auf die Bibel als alleinigen Grund des Glaubens berief. Das führte zum Bruch mit der römischen Kirche. Die beiden letzten Wechsel sind mit schmerzlichen Trennungen verbunden gewesen. Sie hätten nicht zum Bruch führen müssen, wenn man, wie beim ersten Wechsel, dem Heiligen Geist Raum gelassen hätte, verschiedene Glaubensweisen nebeneinander gelten zu lassen. Der Heilige Geist ist nicht an institutionelle oder dogmatische Grenzen gebunden.

In der Neuzeit fordert die Aufklärung zu einem neuen Wechsel heraus. Die Aufklärung entstand in dem Kampf um die geistige Freiheit gegenüber einer kirchlichen und staatlichen Bevormundung. Hier behält sie ihr bleibendes Recht. Selbstkritisch muss sie sich freilich nach den bitteren Erfahrungen des 20. Jahrhunderts fragen, wie sie sich zu den Grundwerten des Lebens verhalten will, ihrer Begründung, Verbindlichkeit und Umsetzung. Hier ist es zu einem offenen Dialog zwischen Philosophie und Theologie gekommen, an dem Jürgen Habermas maßgebend beteiligt ist unter dem Stichwort: „Das Bewusstsein von dem, was fehlt", das sich ihm vor allem in der mangelnden Motivation der praktischen Vernunft zeigt. Er verweist auf Kant, der die Unfähigkeit der praktischen Vernunft, solidarische Verwirklichung kollektiver

Ziele bzw. die Abwehr kollektiver Gefahren zwingend und effektiv zu begründen, als ein bedrückendes Defizit empfand.

Aber ebenso deutlich gibt es für Habermas kein Zurück hinter ein Denken, das von der Aufklärung geprägt ist. Das Verhältnis von Glaube und Denken stellt sich so mit größerer Schärfe als je zuvor. Vor allem die evangelische Theologie hat sich dieser Herausforderung seit mehr als 200 Jahren gestellt. Am Anfang dieser Bemühungen steht der Kirchenvater des modernen Protestantismus, Friedrich Daniel Schleiermacher (1768-1834). Er sah hellsichtig, dass Wissenschaft und Glaube getrennte Wege gehen könnten zum Schaden beider. So galt sein ganzes Bemühen, Glaube und Wissenschaft miteinander zu verbinden.

Das kann einen langen Zeitraum in Anspruch nehmen. In Glaubensdingen muss man in Jahrhunderten denken. Der Apostel Paulus sagte von sich, er sei den Juden ein Jude geworden und den Griechen ein Grieche, damit er etliche für den Glauben gewinne. Christen stehen heute, jedenfalls im westlichen Europa, einer Welt gegenüber, die von der Aufklärung geprägt ist, und da gilt es in der Tradition des Apostels Paulus, den Aufgeklärten ein Aufklärer zu werden.

Es geht also nicht darum, das Christentum der Aufklärung anzupassen, wie es vom liberalen Christentum im 19. Jahrhundert teilweise versucht worden ist. Der persönliche christliche Glaube hat seine eigene Welt, in der er aus Worten der Schrift und Liedversen lebt, unberührt von Lehre, Dogma und Aufklärung. Wie aber kann man denjenigen einen Zugang zum christlichen Glauben erschließen, deren Denken allein von der Aufklärung bestimmt ist? Glaube fordert ein kritisches Denken, durch das manche überlieferten Glaubensaussagen in ihrer zeitbedingten Bedeutung erkannt werden. Das führt nicht zum Verlust des Glaubens, sondern konsequent zu Ende gedacht zur Erkenntnis des wahren Glaubens. Dann kann es gelingen, dem Denken einen Weg zum Glauben zu öffnen. Einen

Weg und nicht den Glauben selbst, der immer ein Ereignis eigener Art ist, das menschlicher Verfügbarkeit entzogen bleibt.

Das Jubiläum der Reformation 2017 ist eine gute Gelegenheit, allein die Heilige Schrift als Grundlage des christlichen Glaubens ins allgemeine Bewusstsein zu rufen. Die Verkündigung Jesu in ihrer Verbindung mit der jüdischen Tradition muss aus der Schale dogmatischer Traditionen und Lehren gelöst werden. Als Emeritus, frei von theologischen und kirchenpolitischen Rücksichtnahmen, habe ich in diesem Sinne meine Gedanken zusammengefasst. Durch die regelmäßigen Predigten in der Preetzer Klosterkirche habe ich damit eine große Offenheit bei den Hörern gefunden und selbst auch neue Einsichten gewonnen. Die Menschen wollen sich nicht Lehren unterwerfen, sondern suchen nach plausiblen Zugängen zur Welt des Glaubens. Das Gemeinsame liegt für beide Seiten zunächst in der Lebenserfahrung. In einem Gespräch über den Zusammenhang von Glaubens- und Lebenserfahrungen, die hinter den biblischen Geschichten stehen, kann eine Ebene gegenseitigen Verstehens gefunden werden. Eine Ebene, auf der Glauben und Denken sich nicht nur begegnen, sondern auch einander ergänzen als komplementäre Größen, die das ganze Leben erschließen.

Preetz, im Sommer 2014
Wilhelm Sievers

Denken und Glauben

Das Leben ist ein sehr komplexes Gebilde, das einfach zwingt, in Zusammenhängen zu denken, wenn man sich ihm nähern will. Mehr als eine Annäherung gibt es ohnehin nicht. Das gilt auch für die Gotteserkenntnis.

Es ist doch auffallend, wie die Zufriedenheit von Menschen unabhängig von der gesellschaftlichen Stellung und dem Einkommen wesentlich von einem guten Zusammenleben abhängig ist. Die Werbung verspricht zwar ihren Kunden den Himmel auf Erden, aber wenn der Himmel auf die Erde kommt, dann in einer guten Gemeinschaft mit Menschen in unterschiedlichen Beziehungen. Der Mensch ist auf Gemeinschaft angelegt und er braucht die Gemeinschaft. Die materiellen Dinge bilden die notwendigen Mittel zum Leben. Wir sprechen darum ja auch von Lebensmitteln. Es ist sicher angenehm, im Wohlstand viele Gestaltungsmöglichkeiten und Erleichterungen zu haben gegenüber früheren Zeiten. Aber aller Wohlstand schafft noch keine Zufriedenheit. Die kann man nicht kaufen. Sie ist nicht an den Wohlstand gebunden. Im schönsten Haus fühlt man sich verlassen etwa nach dem Verlust des geliebten Lebenspartners. Wenn man nüchtern nach dem fragt, was unser Leben bestimmt, dann sind im Prinzip zwei Bereiche zu nennen: Die materiellen Güter und die Beziehungen, in denen wir leben. Das Materielle wie das Zusammensein in Beziehungen bestimmen unsere Wirklichkeit. In dem Zusammensein findet das Leben erst seine Erfüllung. Jesus hat das in dem zum Sprichwort gewordenen Satz aus dem 5. Buch Mose zusammengefasst: *„Der Mensch lebt nicht vom Brot allein, sondern von einem jeden Wort, das aus dem Mund Gottes geht" (Mt 4,4).* Dieses Wort Gottes bezieht sich auf das Leben als Zusammensein. Der Apostel Paulus nennt als Wirkungen dieses Wortes: Glaube als Gottvertrauen oder auch Urvertrauen, Hoffnung und Liebe, *„aber die Liebe ist die größte unter ihnen"* *(1. Kor 13,13).*

Dieses Zusammensein versteht sich nicht von selbst. Ausschlaggebend ist der Geist, der das Leben gelingen lässt im Umgang miteinander, in der Familie bis hin zur Gesellschaft und zum Staat. Ein Ungeist kann das Leben zur Hölle machen. Es kommt auf die entscheidende Frage an, von welchem Geist man sich leiten lässt. *„Prüft die Geister, ob sie von Gott sind"*, mahnt schon der 1. Brief des Johannes (4,1). Bei kritischer Selbstprüfung kommt Gott zur Sprache als Geist des Lebens. Das fordert unser Denken heraus.

In jüngster Zeit meinen einige Vertreter der Hirnforschung – wie einst der wissenschaftliche Materialismus im 19. Jahrhundert – das Ende von Religion und Glauben verkünden zu können. Ein altes Thema nur mit anderen Argumenten. Aus ihrer Beobachtung, dass bei gläubigen Menschen bestimmte Hirnregionen aktiviert werden, glauben sie schließen zu können, dass der Glaube nur ein Produkt des menschlichen Gehirns sei. Die Kritik kommt aus den eigenen Reihen. Man kann nicht Geist, Bewusstsein und Gefühle allein aus biologischen Prozessen heraus erklären. Man muss den ganzen Organismus und dessen Umfeld betrachten, womit auch kulturelle, soziale und moralische Dimensionen ins Spiel kommen. Im Ergebnis wird also festgestellt, dass Geist und Bewusstsein nicht allein auf biologische Prozesse zurückzuführen sind, sondern es müssen die Einwirkungen aus dem Umfeld mit einbezogen werden. Im Grunde ist das ein alter Hut, der aus der Lebenserfahrung bekannt ist.

Wer die Naturwissenschaft absolut setzt in der Meinung, dass sie allein das Leben erkennen und erklären kann, für den ist und bleibt Religion nichts anderes als frommer Wunsch, Einbildung und Träumerei. Sie versagen sich damit der eigenen kritischen Durchdringung der Kultur, die von schöpferischen Kräften des Geistes und der Inspiration geschaffen wird.

Materie und Geist sind zwei Welten, die zu unterscheiden sind, ohne voneinander getrennt zu sein. Ein Kunsthistoriker stellte seine Arbeitsgruppe nach der naturwissenschaftlichen und philosophischen AG mit den Worten vor: „Wenn der Geist die Natur durchdringt, dann sprechen wir von Kunst." In der Kultur findet der Mensch seine ihm eigene Lebenswelt, die sein Leben erfüllt. Angefangen beim Handwerk über die Architektur, darstellende Kunst, Musik, Literatur und nicht zuletzt in der Religion mit ihren Riten und Festen.

Wer sich von einem Denken leiten lässt, menschliches Leben als Sein und Zusammensein wahrzunehmen, der kann durch das Denken einen Weg zum Glauben finden. Daneben stehen vor allem schicksalhafte Ereignisse oder besondere Begegnungen, die für viele die Frage nach Gott wieder ins Bewusstsein rufen. Im Volksmund heißt es: „Not lehrt beten." Damit soll die Not nicht für den Glauben instrumentalisiert werden. Not kann auch zerstören. Sie ist immer bedrückend und fordert die Nächstenliebe heraus. Es ist damit nur soviel gesagt, dass Not auch einen positiven Sinn haben kann, Menschen nachdenklich zu stimmen. So hat die Erfahrung der Abhängigkeit von Mächten, die nicht in der Verfügung des Menschen stehen, von jeher Menschen bestimmt, dem Leben und seinen Zusammenhängen nachzudenken. Die äußerste Herausforderung liegt in der Endlichkeit des Lebens.

So heißt es im 90. Psalm (V. 12): *„Lehre uns bedenken, dass wir sterben müssen, auf dass wir klug werden."* Das Wort will dazu anhalten, jeden Tag bewusst und dankbar wahrzunehmen, denn die Zeit ist begrenzt und gerade das verleiht ihr den besonderen Wert. Zum anderen verändert sich die Sicht des Lebens vom Ende her. So rät der Apostel: *„Die diese Welt gebrauchen, als brauchten sie sie nicht" (1. Kor 7,31).* Er will damit sagen, wie es schon beim Prediger Salomo (3,1) heißt: *„Alles hat seine Zeit."* Bei aller Freude an den reichen Gaben des Lebens gilt es zugleich, sein Herz nicht an die Dinge der

Welt zu hängen. Bei aller Nähe ist immer auch ein Abstand zu wahren, um sich die innere Freiheit zu bewahren.

In eine ähnliche Richtung weist ein Wort aus dem Zen-Buddhismus: „Sein Licht auf das scheinen lassen, was unter den Füßen ist." Nur zu leicht fühlt man sich auf sicherem Boden, ohne zu bedenken, wie schnell sich die Verhältnisse ändern können. Darum die weitere Weisung: „Zurücktreten und zu sich selbst kommen." Auf der einen Seite wird einem bewusst, wie unsicher der Boden ist, auf dem wir stehen, welche Abgründe sich im Naturgeschehen wie im persönlichen, gesellschaftlichen und politischen Leben auftun können. Zum anderen verändert sich die Fragestellung, die nur nach dem fragt, welchen Nutzen die Dinge für uns haben, in die Frage, wozu wir selbst da sind und was wir zur Bewahrung des Lebens tun können. Man wird an die Worte Kennedys erinnert: „Fragt nicht, was euer Land für euch tun kann – fragt, was ihr für euer Land tun könnt."

Neben den persönlichen Lebenskrisen ist auch auf einschneidende Veränderungen und Umwälzungen zu verweisen, die einzelne Völker oder gar den ganzen Erdkreis erschüttern durch Kriege und Revolutionen wie durch Wirtschaft und Finanzen. Auch hier wird gern an Kennedy erinnert, der häufig das chinesische Wort für Krise zitierte, das sich aus den Schriftzeichen für Gefahr und Gelegenheit zusammensetzt. Er wollte den Blick dafür öffnen, dass in jeder Krise auch positiv eine Chance liegen kann zu einem neuen Anfang. Die Griechen sagten es noch deutlicher, es gibt keine Erneuerung ohne Krise.

Nach dem Zweiten Weltkrieg warb Bischof Hans Lilje auf dem Hintergrund des Marshallplans für eine geistige Erneuerung. Es reiche nicht aus, so Lilje, einseitig nur den wirtschaftlichen Wiederaufbau zu verfolgen. Er sprach damit aus, was viele Menschen damals bewegte, die nach einer neuen geistigen Orientierung suchten. Die evangelischen Akademien als Ort des freien und offenen Gesprächs fanden breiten Zuspruch.

Aber mit dem „Wirtschaftswunder" gewannen die materiellen Interessen zunehmend an Gewicht und wurden zum beherrschenden Thema. Sicher hat es nicht wenige gegeben, die durch die Krise zu einer neuen Lebenseinstellung gefunden haben, aber die breite Masse fiel in alte Verhaltensmuster zurück.

So verheißungsvoll es auch klingt, dass in der Krise die Chance eines Umdenkens und einer Erneuerung liegt, so lehrt die Erfahrung, dass diese Chance nur in einem begrenzten Maß wahrgenommen wird. Dennoch ist die Hoffnung nicht aufzugeben, dass Krisen im persönlichen wie im gesellschaftlichen Leben herausfordern und anregen, kritisch das bisherige Leben zu bedenken und nach neuen Ansätzen und Perspektiven zu suchen. Vor allem kommt es darauf an, sich von der einseitigen materiellen Wertung des Lebens zu lösen. Die Lebensqualität ist umfassender, als dass sie einseitig vom Konsum her bestimmt werden kann. Krisen können ungeahnte Kräfte des Einfallsreichtums und der Kreativität wecken zur Entfaltung der jedem Menschen verliehenen Gaben und Fähigkeiten zur persönlichen und gesellschaftlichen Bereicherung. Jeder wird überrascht sein, wenn er einmal ernsthaft darüber nachdenkt, welche vielseitigen positiven Perspektiven im Leben sich erschließen lassen durch eigene Fantasie und Aktivität, ohne dass zusätzliche Kosten entstehen. Hier liegt ein großes Wachstumspotential verborgen, das es zu erschließen gilt. Die Notjahre nach dem Weltkrieg haben davon ein beredtes Zeugnis gegeben. Die einseitige Orientierung am Bruttosozialprodukt wird dem Leben nicht gerecht.

In diesem Zusammenhang wird sich zwangsläufig die Frage nach den Werten stellen, die eine Gemeinschaft bestimmen müssen, wenn das Leben eine Zukunft haben soll. Das ist seit alten Zeiten ein Thema der Religionen. So kann auch hier das Denken zum Wegbereiter des Glaubens werden, wenn man die Erfahrungen und Einsichten der religiösen Traditionen im Zusammenhang der gegenwärtigen Lebenssituation bedenkt. Bei allem Wandel der Lebensverhältnisse lassen solche Gedanken erkennen, dass der Mensch sich in seinem Verhalten nicht geändert hat. Die Probleme bleiben im persönlichen Leben wie im Zusammenleben der Menschen und Völker. Darum behalten die alten Ordnungen ihre bleibende Bedeutung. In den 10 Geboten finden wir noch heute die Normen für einen freiheitlichen Rechtsstaat.

Es bleiben im Leben immer offene Fragen und Unwägbarkeiten, die sich der menschlichen Verfügung oder Berechnung entziehen. Der Glaube verbindet auch diese Erfahrungen mit Gott. Nicht als Lückenbüßer für das, was noch nicht erforscht ist, sondern als Bezugspunkt und Ansprechpartner, bei Gott in seinem Wort Antworten zu finden für den rechten Umgang mit den unterschiedlichen Herausforderungen.

Glaube lebt aus dem Wissen um die Grenzen der eigenen Weltsicht und der Offenheit für neue Erfahrungen. Er ist darum immer mit einem Suchen und Fragen verbunden. Treffend bemerkt Hildegard von Bingen in ihrer Sprache: „Wo im Menschen die Frage nicht ist, da ist auch nicht die Antwort des Heiligen Geistes." Es ist darum wohl eine vergebliche Mühe, Menschen anzusprechen, die dem Glauben gleichgültig gegenüber stehen. Paulus stellt sehr nüchtern fest: *„Der Glaube ist nicht jedermanns Ding" (2. Thess 3,2)*. Das muss nicht immer so bleiben. Alles hat seine Zeit. Das gilt auch für den Glauben. Es können Zeiten oder Umstände eintreten, die für Fragen des Glaubens einen fruchtbaren Boden bilden. Dennoch bleibt der Glaube trotz aller gedanklichen Bemühungen und Begründungen ein Wagnis, das aus einer tieferen Schicht unseres Bewusstseins kommt, über das wir nur bedingt eine Kontrolle haben.

Der persönliche Glaube ist eingebunden in die Geschichte und die Gemeinschaft der Gläubigen. Auch solche Gemeinschaften brauchen eine Ordnung, eine Institution wie die Kirche. Sie hat die hebräische Bibel in ihren Glaubenskanon übernommen und die Evangelien mit den Briefen der Apostel gesammelt, ausgewählt und überliefert, wie sie uns heute im Neuen Testament vorliegen. Nur durch sie haben Menschen über zwei Jahrtausende Zugang zum biblischen Glauben gefunden. Das ist ihr bleibendes Verdienst und ihre Aufgabe zugleich. Und sie hat einen reichen Schatz an Glaubenszeugnissen überliefert, wie wir ihn etwa in den Gesangbüchern der Kirchen finden und vielen anderen Schriften. Das ist festzuhalten gegenüber allen Verirrungen und Verfehlungen der Kirche in der Geschichte und Gegenwart, die nicht zu leugnen sind.

Der christliche Glaube lebt aus der Bibel und den geistlichen Liedern. Er gewinnt seine Gewissheit aus der Erfahrung und Bewährung im Leben. Glaube ist Erfahrungswissen. Darum gibt es keine Glaubensbeweise, sondern Glaubensbekenntnisse, die von solchen Erfahrungen zu erzählen wissen. Das hat entscheidende Folgen für die Weitergabe des Glaubens. Erfahrungen können im Leben nicht einfach an andere weitergegeben werden wie die Ergebnisse eines Forschungsprojektes. Erfahrungen sind immer bedingt durch die persönliche Wahrnehmung eines jeden Einzelnen. Der Glaube kann weder auf andere übertragen werden noch ist er durch eine Methode zu vermitteln. Glaube will gelebt werden. Alle Erzählungen von Glaubenserfahrungen können nur einen Anstoß geben, Gott in den Zusammenhängen des eigenen Lebens zu suchen und sich auf ein Leben im Glauben einzulassen. Alle Reden von Gott können nur einladen und neugierig machen, an den guten Erfahrungen teilzuhaben, die der Glaube schenkt.

Glaube ist etwas Lebendiges, der sich wie alles Leben entwickeln, wachsen und reifen muss. So ist auch der Glaube Israels gewachsen, indem die Israeliten ihre Geschichte im Zusammenhang als eine Lebensgeschichte mit Gott, der Quelle ihres Lebens, bedachten. Ihre Erkenntnisse wurden von nachfolgenden Generationen gesammelt und vertieft, bis sie ihren Abschluss im Evangelium Jesu fanden. Der Glaube ist so aus einer Gemeinschaft erwachsen und bleibt auf Gemeinschaft angewiesen.

Das Judentum

Die Geschichte der Juden ist einmalig und ohne Parallele in der Geschichte. Über 3000 Jahre haben sie als Volk und Gemeinde Gottes ihre Identität bewahrt. 2000 Jahre lebten sie ohne eigenes Land und eigenen Staat „unstet und flüchtig" weltweit in der Diaspora. Dennoch hat dieses kleine Volk, zu dem nur 13 Millionen Menschen gehören, bei einer Weltbevölkerung von heute 7 Milliarden entscheidend die Religionsgeschichte bestimmt. Die Juden haben gerade in der Neuzeit auf dem Gebiet der Wissenschaft, Forschung, Wirtschaft und Gesellschaft Großes geleistet von teilweise weltgeschichtlicher Bedeutung. Die Geschichte des jüdischen Volkes ist nicht zu verstehen ohne seine Religion.

Für Christen liegt die besondere Nähe zum Judentum darin, dass in der jüdischen Tradition die Wurzeln ihres eigenen Glaubens liegen. Darum ist es wichtig für den eigenen Glauben, das Judentum nach seinem eigenen Selbstverständnis kennenzulernen. Wenn man Leo Baecks Standardwerk über das Wesen des Judentums liest, dem die folgenden Zitate entnommen sind, dann ist das sicher eine idealtypische Darstellung des Judentums, aber so kommt das Wesentliche auch klar zur Sprache. Ideal und Wirklichkeit sind oft zwei Welten, auch im Christentum, aber sie geben eine Zielvorstellung vor.

Das Urdatum der Geschichte der Juden ist die Befreiung aus der Knechtschaft Ägyptens, die sie ihrem Volksgott verdankten. Dieses Ereignis wird in der Erinnerung des Volkes bis auf den heutigen Tag bewahrt. In unmittelbarer Verbindung dazu steht die Offenbarung am Sinai mit dem Bundesschluss und der Verkündung der Gebote durch Mose, der als der größte Lehrmeister gilt. In diesen Geboten, der Thora, ist Gott für sie gegenwärtig. Das ist der zentrale Punkt ihres Glaubens bis zur Gegenwart „Der ethische Charakter ist für die israelitische Religion ursprünglich" (S. 56). In der Ethik liegt das Wesen des Judentums.

Es ist schon ein Phänomen der Weltgeschichte, dass dieses kleine, politisch unbedeutende Volk der Juden mitten unter den Großmächten der Antike das entscheidende Problem aller Menschen aufgriff, nämlich den verantwortlichen Umgang mit der ihnen geschenkten Freiheit. Ihr Gott war der Gott der Gebote und der Ordnung. Damit war den Geboten eine Verbindlichkeit gegeben für das eigene Volk und später für alle Völker der Welt.

Für den jüdischen Glauben ist Gott der Eine und Einzige, der menschliches Begreifen schlechterdings übersteigt. Darum gibt es in der jüdischen Theologie auch keine Aussagen über die Eigenschaften Gottes. Die Propheten haben nie den Versuch gemacht, Gott zu definieren. Sie wollten nur das, was sie von Gott erfahren hatten, in Gleichnissen und Bildern weitergeben. Allein die Fülle des Empfindens von Gott sucht immer neuen persönlichen Ausdruck: Gott ist Vater, Retter Hirte, Erlöser, Licht und Heil. „Die Menschen, die den Sinn ihres Daseins innig erleben und davon zu reden begehren, sind die Dichter von Gott geworden" (S. 115). Entsprechend ist das Zeugnis von der Schöpfung der Welt Ausdruck des gläubigen Bewusstseins, aber frei von jeder Spekulation, eigenständiger Lehre und Mythologie.

Mit dem Glauben an Gott ist auch der Glaube an den Menschen verbunden. Dieses positive Menschenbild der jüdischen Religion folgt für die Juden aus der Tatsache, dass der Mensch Gottes Geschöpf und Ebenbild ist. Als Ebenbild Gottes kann auch vom Menschen das Höchste gefordert werden, Gott ähnlicher zu werden. Diese unendliche Aufgabe kann der Mensch nur mit seinem endlichen Können lösen. So bleibt er immer hinter dem Ideal zurück. Aber es bleibt das Ziel, das dem Menschen gesetzt ist. Diese Verpflichtung ist mit dem täglichen

Studium der Thora verbunden, das schon in Kindertagen beginnt. Diese strenge Zucht prägt die Gesinnung und stärkt den Willen, indem der Jude sich dadurch in die Thora vertieft und von ihr durch das ständige Training so geprägt wird, dass er sie verinnerlicht und darin die Kraft findet, es auch als eigene Herzenssache zu erfüllen. Dieses intensive Studium der Thora fördert die intellektuelle Bildung. Ein Grund für die großen geistigen Leistungen der Juden.

Man könnte geneigt sein, diese Anschauung dem philosophischen Idealismus zuzuordnen. Im Judentum spricht man aber bewusst nicht von einem Gesetz, sondern von Geboten oder Weisungen, die in einer unmittelbaren persönlichen Beziehung zu Gott stehen. Darin liegt eine Offenheit, im Dialog mit Gott die rechte Entscheidung im konkreten Fall zu finden. Vor Gott gibt es kein Verdienst. Der Mensch bleibt Schuldner Gottes, aber er ist nicht von Geburt an schuldig. Es wird offen von Versagen und Schuld gesprochen, aber eben auch von der Gnade und Barmherzigkeit Gottes, die einen neuen Anfang ermöglicht. Der Mensch bleibt so auf Gott angewiesen. Er kann nicht aus eigenem Vermögen die heile Welt schaffen. Es ist bezeichnend, dass Leo Baeck gerade an diesem Punkt deutlich macht, dass das Judentum eine Religion ist, denn die Gebote sind nicht von Menschen gemacht worden und dann zu ihrer Legitimation als von Gott gegeben erklärt worden, sondern sie sind in einem Akt der Offenbarung oder Erleuchtung von Gott durch Mose vermittelt worden (S. 57 ff.).

Die Offenbarung am Sinai dürfte in die Zeit zwischen 1250 und 1150 v. Chr. fallen. Die 10 Gebote haben einen Vorläufer im Codex Hammurabi, einem babylonischen Staatsgesetz aus der Zeit um 1750 v. Chr. Die Verehrung eines einzigen Gottes versuchte der Pharao Echnaton um 1350 v. Chr. in Ägypten einzuführen. Es war der erste monotheistische Aufbruch in der Religionsgeschichte der Menschheit. Doch nach seinem Tod kehrten die alten Götter zurück.

Interessant ist eine Abhandlung von Sigmund Freud über Mose, die von der Fachwelt freilich ignoriert wird. Freud vertritt darin die Vermutung, dass Mose als Sohn des Königs am Hof in Ägypten aufgewachsen sei. Auch nach der biblischen Erzählung ist Mose an den Königshof gekommen, durch seine Mutter, die ihn in einem Korb im Nil aussetzte, der dann von der Tochter des Königs gefunden wurde. Für Freud ist das eine Legitimationsgeschichte, um Mose als Hebräer zu adoptieren. Es ist immerhin eine interessante Hypothese, die deutlich auf einen kulturgeschichtlichen Zusammenhang mit der Offenbarung am Sinai hinweist. So ist die Vermutung nicht abwegig, dass Mose am Hof mit dem ersten Versuch des Echnaton um 1350 v. Chr. in Berührung gekommen ist, die Verehrung eines einzigen Gottes in Ägypten einzuführen. Zum anderen könnte er am Königshof auch Kenntnis gewonnen haben vom Codex Hammurabi. Vor allem aber wäre nach Freuds Hypothese ihm durch seine Geburt und Erziehung eine Bildung des Geistes gegeben, religiösen Fragen zu reflektieren, verbunden mit einer Führungskraft, seine Erkenntnisse später Menschen zu vermitteln und sie zu sammeln. Das wäre ein verstehbarer Anknüpfungspunkt und eine Disposition für die Offenbarung und Beauftragung am Sinai. Darin könnte zugleich eine Erklärung liegen, wie gerade aus einem so unbedeutenden kleinen Nomadenvolk der Monotheismus mit seiner weltgeschichtlichen Auswirkung hervorgegangen ist.

Diese Geschichte des Mose kann auch erinnern an Siddharta Gotama, den späteren Buddha, der auch aus einer herrschaftlichen Familie stammte. Nach der Erzählung verließ er eines Tages als junger noch unerfahrener Prinz den elterlichen Palast mit seinem großen Park. Vor den Toren begegnete er in vielerlei Gestalt dem Leiden in der Welt. Unter diesem Eindruck verließ er das Vaterhaus endgültig im sogenannten „großen Aufbruch". Diese Überlieferung könnte auch an Mose erinnern, der offenbar in jungen Jahren den Palast verließ, vor die

Tore des Palastes ging und dort die Misshandlung der Fronknechte mit Empörung erlebte. Das mag zum Bruch geführt haben, dass er nach Midian fliehen musste oder aus freien Stücken die Einsamkeit suchte. Die adelige Herkunft beider Religionsstifter könnte auch darin Parallelen haben, dass beide Religionen bei allen Unterschieden von einem ausgesprochen vernunftbezogen Charakter geprägt sind.

Die Verbindung der Gebote mit dem einen Gott ist nicht auf dem Boden der antiken Großreiche entwickelt worden, sondern die Gebote als Weisung des einen und einzigen Gottes erscheinen bei dem kleinen Volk von Nomaden ohne eine eigene kulturelle Tradition oder politischen Zwang. Vielleicht war das geradezu die Voraussetzung, das hier ein „jungfräulicher" Boden war, auf dem das Neue wachsen konnte, während es in den Kulturstaaten an den alten Traditionen scheitern musste. Einen ähnlichen Gedanken verfolgt Lessing in seiner „Erziehung des Menschengeschlechts" § 8, wenn auch etwas grober formuliert. Gott wählte sich „ein einzelnes Volk zu seiner besonderen Erziehung; und eben das ungeschliffenste, das verwildertste, um mit ihm ganz von vorne anfangen zu können."

In den Anfängen trug der Glaube Israels noch viele archaische Elemente. Der Volksgott war am Anfang auch ein Kriegsgott, der ihnen half, das verheißene Land in Besitz zu nehmen. Diesem Gott wurden Tieropfer dargebracht. Mit dem 9. Jahrhundert v. Chr. treten Propheten in Israel auf, die mit ihrer Botschaft einschneidende Veränderungen der Geschichte und Glaubenspraxis Israels bringen. Amos ruft im Namen Gottes das Volk auf, von den Tieropfern zu lassen und das Opfer des Herzens im Gehorsam gegen die Gebote zu bringen:

„Ich bin euren Feiertagen gram und verachte sie und mag eure Versammlungen nicht riechen. Und wenn ihr mir auch Brandopfer und Speisopfer opfert, so habe ich kein Gefallen daran und mag auch eure fetten Dankopfer nicht ansehen. Tu weg von mir das Geplärr deiner Lieder; denn ich mag dein Har-

fenspiel nicht hören. Es ströme aber das Recht wie Wasser und die Gerechtigkeit wie ein nie versiegender Bach" (Am 5,21-24). Es sollte noch 900 Jahre dauern, bis der Tempelkult mit dem Sühneopfer endgültig aufgegeben wurde. Leo Baeck sieht in dem Opferkult eine überholte Epoche der Geschichte, die der Erziehung des Volkes diente. Allerdings ist erst mit der Zerstörung des Tempels endgültig „eine Mauer gefallen, die sich zwischen Israel und dem Vater im Himmel erhoben hatte" (S. 184).

Entsprechend kennt das Judentum seitdem keine Priester und Altäre mehr. Der Rabbi ist Lehrer. Die Gemeinde ist eine Gemeinschaft von Lehrenden und Lernenden, die Bibel zu erforschen und zu verstehen. Es ist kein Dogma und keine verbindliche Lehre vorgegeben. Die Bibel ist das wichtigste autoritative Element des Judentums. Der Wahrheitsgehalt ist nicht vorgegeben, sondern er muss ihr abgerungen werden im Forschen, Weiterdenken und Vorwärtsschreiten, ohne je fertig zu sein. Man bleibt nach Baeck immer Suchender. Da das Judentum kein Lehramt kennt, gibt es eine große Offenheit und Vielfalt unterschiedlicher theologischer Richtungen, wenn auch die Gemeinden sich untereinander abgrenzen vor allem als liberale und orthodoxe Gemeinden. Aber die Freiheit der Forschung und der Lehre wird so gewahrt. Gemeinsam sind alle an die Thora gebunden.

Da Religion und Ethik aufs Engste miteinander verbunden sind, offenbart sich der Glaube im Tun des Gerechten. Das sittliche Tun wird geradezu zum Gottesbeweis. Es ist nicht nur die äußere Handlung, sondern auch echte Herzensstimmung. Beides gehört zusammen. In der Konsequenz dieser Auffassung liegt die Bereitschaft zum Martyrium. Leo Baeck bezeichnet es als den Stolz des Judentums, „dass die Idee und Forderung des Martyriums von ihm geschaffen worden ist". Diese Kraft, Subjekt zu bleiben, ist Judentum, und darum hat das Judentum die märtyrerlose Zeit nie gekannt. Im Martyrium wird die Wahrhaftigkeit zur Tat. (S. 192) Es ist das Opfer in der Treue und Standhaftigkeit im Tun des Gerechten. Wenn aber ein Martyrium von einer religiösen Macht instrumentalisiert wird, wie wir es gegenwärtig im Islam erleben, dann steht es im krassen Widerspruch zum ursprünglichen Glauben.

Die Juden bekennen sich bewusst zu ihrer Minderheit. „Die Minderheit ist immer zum Denken genötigt; das ist der Segen ihres Schicksals" (S. 3). Es scheint nicht ganz abwegig zu sein, in einem gewissen Sinne das Judentum einem Orden zu vergleichen mit seinen strengen Regeln. So verstehen sie sich selbst als das „auserwählte Volk" Gottes, was ihnen kein Vorrecht bringt, sondern es wird von ihnen eine höhere Leistung verlangt.

Der Mensch ist auf Versöhnung angewiesen, aber nicht als bloßem Gnadenakt, sondern sie bleibt an die Umkehr des Menschen gebunden. Dem Menschen wird der Anfang immer neu gewährt. Diese Umkehr, die Teschuwah, ist die Versöhnung, die nie entzogen wird. Die apokalyptischen Vorstellungen von einer ewigen Seligkeit und ewiger Verdammnis drangen aus persischem Gedankengut in den letzten Jahrhunderten v. Chr. in die jüdische Gedankenwelt ein. Sie haben im Judentum keinen bleibenden Platz gefunden. Die Juden bekämpften diese Form des Dualismus, wenn er sich auch im Volksglauben erhalten hat. Leo Trepp weist darauf hin, dass die Frage nach der Auferstehung die Juden nie übermäßig beschäftigt hat. Tröstend heißt es bei den alten Meistern: „Wenn ihr vor Gott hintretet, tretet ihr nicht vor euren Vater im Himmel?" Die Juden leben in der messianischen Erwartung, hinter der die persönliche Zukunftshoffnung zurücktritt Diese Erwartung ist es gewesen, die sie immer wieder durchhalten ließ bis in die Gegenwart hinein.

Eine weitere einschneidende Veränderung bringen die Propheten im 8. Jahrhundert. Jesaja stellt das Schicksal Israel in einen weiten heilsgeschichtlichen Zusammenhang. *„Es wird zur letzten Zeit der Berg, da des Herrn Haus ist, fest stehen, und viele Völker werden hingehen und sagen: Kommt lasst uns* *auf den Berg des Herrn gehen, denn von Zion wird Weisung ausgehen und des Herrn Wort von Jerusalem"* *(Jes 2,2 f.).*

Aus dem Volksgott wurde der eine und einzige Gott aller Menschen. Die Bilder der anderen Götter erschienen in den Augen der Propheten nur noch als Gebilde von Menschenhand, über die sie ihren Spott ausgossen. Mit dem Glauben an den einen und einzigen Gott ist zwangsläufig verbunden, dass er der Gott aller Völker und Menschen ist. So war es Israel, das zuerst global dachte, indem es die Geschichte der Völker miteinander verband unter dem einen Gott und damit auch praktisch alle Menschen auf eine Stufe stellte unabhängig von Rasse und Volk. In der Konsequenz dieser Auffassung liegt dann auch der Anspruch des einen Gottes gegenüber allen Menschen, nach der Thora zu leben. Die Thora hat universale Gültigkeit. So haben Juden sich auf dem Gebiet der Gesellschaftskritik besonders engagiert. Da sie aber nach dem Ende ihres eigenen Staates nicht mehr in einer direkten politischen Verantwortung standen, trat erst mit der Gründung des Staates Israel in aller Schärfe das Problem auf, das mit dem absoluten Anspruch des Gebotes und seiner endlichen Verwirklichung auf der Ebene praktischer Politik gegeben ist. Eine solche Umsetzung kann nie absolut sein.

Der Glaube Israels hat in seiner Geschichte einen Prozess der Veränderung und Klärung durchlaufen, wie es auch aus den eigenen Lebensgeschichten bekannt ist. Der Volksgott wurde zum einen Gott aller Völker, damit verbunden der Wechsel vom Gott des Krieges zum Friedefürst. Der Kriegsgott gehört damit einer vergangenen Epoche der Geschichte des Glaubens an, wenn auch diese archaischen Elemente immer wieder durchbrechen können. An die Stelle des Sühneopfers trat das Opfer der Liebe. Damit wird wieder ein entscheidender Schritt in der Geschichte der Religion vollzogen. Der Mensch wird erlöst aus der Furcht vor den Göttern, die er durch Opfer, von den Priestern dargebracht, zu versöhnen sucht. Er wird in die Freiheit entlassen auch aus klerikaler Bevormundung und tritt unmittelbar vor Gott, um allein in Verantwortung vor ihm für Recht und Gerechtigkeit zu streiten und den Nächsten zu lieben.

Der Glaube an Gott ist nach jüdischer Auffassung immer etwas Dynamisches. Er ist mit der Geschichte verbunden und kommt nie zum Abschluss. Zur Mission haben die Juden ein ambivalentes Verhältnis. In der Zeit des Kaiserreiches haben sie ein weites Netz von Synagogen im Römischen Reich aufgebaut, das später ein wichtiger Anknüpfungspunkt für die christliche Mission wurde. Sie achteten darauf, dass die Proselyten in die jüdische Tradition integriert wurden. Dadurch konnten sie einer Überfremdung durch andere religiöse und philosophische Traditionen wehren. Das Judentum will belehren, aber nicht missionieren.

So bewahrte sich das Judentum eine große innere Geschlossenheit, indem es sich allein an der Thora orientierte. Es behielt dabei stets den unmittelbaren Bezug zum Leben, ohne überlagert zu sein durch Mythen und fremde religiöse Riten. So ist es nicht abwegig, wenn der jüdische Scholastiker Gaon Saadja (882-942) versucht, den Judenglauben aus sich selbst heraus als den Vernunftglauben schlechthin darzustellen. Der biblische Glaube ist vernünftig, wenn die Vernunft in ihrem Denken nicht nur objektbezogen von der Ratio bestimmt ist, sondern auf gleicher Höhe von dem Leben als Zusammensein. Das von Kant beklagte Defizit der praktischen Vernunft in der Verwirklichung ihrer Ziele hat sich für sie darin beantwortet, dass sie die Gebote bewusst in eine persönliche Beziehung zu Gott setzt, aus der auch die Kraft des Geistes erwächst, im Sinn der Gebote zu leben. In der unbedingten Treue zu dem einen Gott und der von ihm gegebenen Thora lebt das Judentum bis auf den heutigen Tag. In dieser Tradition stand Jesus. Zumindest im liberalen Judentum wird anerkannt, dass durch Jesus die Kenntnis des Gottes Israels unter den Heiden bis zu den fernsten Inseln getragen worden ist.

Der Jude Jesus

Unsere Kenntnis von Jesus stützt sich im Wesentlichen allein auf die vier Evangelien, die im letzten Drittel des 1. Jahrhunderts abgefasst wurden. Diese Evangelien sind Bekenntnisschriften, das heißt, die Erzählungen von Jesus und die Deutung seiner Person sowie seines Werkes fließen ineinander. Modern gesprochen, Bericht und Kommentar sind eins. Diesen Sachverhalt hat die historisch-kritische Forschung aufgedeckt. Sie hat zugleich gezeigt, dass die Deutung Jesu nicht nur aus der jüdischen Tradition entlehnt worden ist, sondern auch vom hellenistischen Denken beeinflusst wurde, wodurch Jesus praktisch zu einem Gott erhöht wurde. Wenn wir ihm näherkommen wollen, müssen wir ihn darum zuerst aus seiner eigenen jüdischen Tradition zu verstehen suchen. Er selbst hat sich zu dieser Tradition bekannt, wenn er sagt, ich bin nicht gekommen, die Thora aufzuheben, die im Zentrum des jüdischen Glaubens steht, sondern sie zu erfüllen (Mt 5,17). Für den Brief an die Hebräer gibt es keinen Zweifel, dass es der eine und selbe Gott ist, der durch die Propheten und Jesus spricht: *„Nachdem Gott vorzeiten vielfach und auf vielerlei Weise geredet hat zu den Vätern durch die Propheten, hat er in den letzten Tagen zu uns geredet durch den Sohn" (1,1 f.).*

Jesus knüpft in seiner Botschaft an Worte der Propheten an. Gott ist immer und zuerst derjenige, der dem Volk die Thora gegeben hat. Aber daneben fanden die Propheten auch viele Umschreibungen von Gott, wie die von einem guten Hirten oder Vater: *„Du, Herr, bist unser Vater; unser Erlöser, das ist von alters her dein Name" (Jes 63,16).* Dieses Wort von Gott dem Vater stellt Jesus in das Zentrum seiner Botschaft neben den Gott der Thora. Gott ist für ihn das Urbild eines Vaters, nicht als patriarchalischer Herrscher, sondern in seiner liebenden Zuwendung zu den Menschen.

Das hat entscheidende Folgen für den Umgang mit den Menschen. Jesus begegnet den Menschen aus einer Grundhaltung des Vertrauens. Er nimmt die Menschen an, wie sie sind. Er fragt nicht nach ihrer Herkunft, ihren Leistungen oder ihrer Schuld. So spiegelt sich in dem Verhalten Jesu und seiner Botschaft die Liebe Gottes, die allen Menschen ohne Ansehen der Person gilt. Mit der Botschaft von der Liebe Gottes verwirft Jesus auch die unbefriedigende Lösung, Leiden als Strafe Gottes zu deuten. Seine Hörer fragt er: *„Meint ihr, dass die achtzehn, auf die der Turm in Siloah fiel und erschlug sie, schuldiger gewesen seien als alle anderen Menschen, die in Jerusalem wohnen?" (Lk 13,4)*

Die Antwort liegt in der Fragestellung. Keiner muss im Leiden fragen: „Womit habe ich das verdient?" Solche Frage verstellt den Blick für die Bedeutung, die in einem Leiden für das Leben liegen kann. Jesus nimmt diese dunklen Fragen des Lebens auf. Er gibt dem Leiden einen positiven Sinn durch sein eigenes Leiden und Sterben, das eine neue Dimension des Lebens erschließt. Darüber ist später noch nachzudenken.

Wenn Jesus von der Liebe Gottes spricht, dann meint er damit nicht, dass Gott alles mit dem bekannten „Mantel der Liebe" zudeckt. Die Forderungen des Gesetzes bleiben bestehen. Das unterstreicht sein Wort sehr deutlich: *„Wenn ihr nicht Buße tut, werdet ihr alle auch so umkommen" (Lk 13,5)*. Keiner wird aus seiner Verantwortung entlassen. Jeder hat die Folgen seiner Taten zu tragen, ohne dass ein Gott besonders eingreifen müsste. Schicksalsschläge wollen aufrütteln, das eigene Leben kritisch zu überdenken.

In der zentralen Botschaft von Gott als Vater tritt die Beziehung zwischen Gott und dem einzelnen Menschen in den Mittelpunkt des Glaubens. Der Mensch steht unmittelbar vor Gott. Darin liegt seine Freiheit von aller menschlichen Bevormundung, die auch als Einsamkeit erfahren werden kann, da der Einzelne mit seiner Entscheidung allein vor Gott steht. Wer in der Beziehung zu Gott dem Vater lebt, weiß um Nähe und Abstand, um Zuwendung und Anspruch.

Am Ende der Bergpredigt heißt es: *„Das Volk entsetzte sich über seine Lehre, denn er lehrte sie mit Vollmacht und nicht wie ihre Schriftgelehrten" (Mt 7,28 f.).* Die Hörer erkannten, dass er in der Vollmacht des Geistes Gottes sprach. Es ist der Geist Gottes, der ihm gegeben war und ihm die große Ausstrahlungskraft verlieh, die über seinen Tod hinaus wirkte durch die Offenbarung Gottes als Heiliger Geist, die am Pfingstfest der Welt bezeugt wurde. Diese Gewissheit wurde später mit der Taufe Jesu durch Johannes verbunden, wenn es dort heißt: *„Der Heilige Geist fuhr hernieder auf ihn in leiblicher Gestalt wie eine Taube und eine Stimme kam aus dem Himmel: Du bist mein lieber Sohn, an dir habe ich Wohlgefallen" (Lk 3,22).*

Die Korrelation, die Wechselbeziehung zwischen Gott und Mensch, liegt in dem Geist, der ihn vor aller anderen Kreatur auszeichnet. So kann der Evangelist Johannes später sagen: *„Gott ist Geist, und die ihn anbeten, die müssen ihn im Geist und in der Wahrheit anbeten" (Joh 4,24).* In die gleiche Richtung weist Paulus: *„Welche der Geist Gottes treibt, die sind Gottes Kinder" (Röm 8,14).* So ist es dem Menschen bestimmt, sich von diesem Geist Gottes erfüllen und leiten zu lassen. In ihm findet er den Geist des Lebens, der ihm Kraft, Liebe und Besonnenheit schenkt (2. Tim 1,7). Wenn Paulus unseren Leib einen Tempel des Heiligen Geistes nennt, dann will er damit bildhaft ausdrücken, wie eng Gott und Mensch im Geist verbunden sind (1. Kor 6,19). Man kann das Wesen des christlichen Glaubens auf den Punkt bringen als ein Leben aus dem Geist Gottes, wie er durch die Propheten und Jesu Worte und Taten vermittelt worden ist. Christen müssen freilich mit Paulus bekennen: *„Nicht, dass ich's schon ergriffen habe oder schon vollkommen sei. Ich* *jage ihm aber nach, ob ich's wohl ergreifen könnte, weil ich von Christus Jesus ergriffen bin"* (Phil 3,12). Christen leben noch nicht in einer vollkommenen Welt. Sie sind immer noch auf dem Weg, getragen von der Gewissheit, dass ihr Weg Zukunft hat.

Zum Wesen des Geistes gehört – bei Gott und Menschen – die Freiheit. Er kann weder an Institutionen, Lehren oder Dogmen gebunden werden noch gibt es eine zwingende Methode, ihn zu vermitteln. *„Der Wind bläst, wo er will, und du hörst sein Sausen wohl; aber du weißt nicht, woher er kommt und wohin er geht. So ist es mit jedem, der aus dem Geist geboren ist"* (Joh 3,8). Damit ist die Aufgabe gegeben, die Geister zu unterscheiden. In der Neuzeit konkurrieren verstärkt die unterschiedlichsten geistigen Strömungen, die alle den Menschen das Heil versprechen. Sie nehmen bestimmte Nöte, Missstände oder Bedürfnisse auf, sodass sie Aufmerksamkeit finden. Da ist Nüchternheit gefragt, wenn verheißen wird, alle Probleme lösen zu können. Es gibt kein Allheilmittel. Das Hauptproblem ist und bleibt der Mensch. Auf ihn kommt es an. Die Unterscheidung der Geister führt von den Problemen zurück auf den Menschen. Aus welchem Geist lebt er? Wenn der Mensch sich nicht ändert, dann bleiben auch die Probleme. Sie stehen nach allen revolutionären Veränderungen nur in einem anderen Kontext.

Darum konzentriert sich die Botschaft Jesu auf den Menschen und seine Veränderung. Jesus weint über Jerusalem, weil es nicht erkennt, was zu seinem Frieden dient (Lk 19,41). Menschen können sich dem Heil versagen und ihr Leben verfehlen. Die Liebe Gottes ist kein allgemein gültiges Prinzip. Sie ist Gabe und Aufgabe in einem. Als eine wahrhaft väterliche Haltung der Zuwendung zu den Menschen lässt sie Menschen Liebe erfahren, die dann ihrerseits das eigene Tun bestimmt. Das ist nicht zwingend. Der Vater lässt den Kindern die Freiheit der eigenen Entscheidung.

Mit dem Anspruch, die Thora zu erfüllen, steht Jesus in der offenen Tradition der jüdischen Geschichte, die neue Erkenntnisse ermöglicht. Jakob Neusner untersucht in seinem Buch „Ein Rabbi spricht mit Jesus" vor allem die Stellung Jesu zur Thora, die den Juden von Gott gegeben ist durch Mose. Sie gilt für alle Zeiten. Sie kann und muss ausgelegt werden, aber sie darf nicht verändert werden. Auch wenn Jesus sich zur Thora bekennt, so geht er nach Neusner einen entscheidenden Schritt über die bisherige Tradition hinaus. Die Thora ist an das Volk in seiner Gesamtheit gerichtet, Jesus aber spricht seine Jünger als Gruppe an. „In der Wendung vom Wir vom Berge Sinai zum Ich in der Thora des galiläischen Weisen vollzieht Jesus einen entscheidenden Schritt – in die falsche Richtung" (S. 46).

In die falsche Richtung? Dieser Punkt ist zu klären. Jesus fühlt sich zunächst nur gesandt zu *„den verlorenen Schafen des Hauses Israels" (Mt 15,24)*. Mit diesem Wechsel des Ansprechpartners, indem er sich einzelnen Menschen zuwendet, schafft er die Voraussetzung, dass auch Menschen außerhalb des Gottesvolkes zu Gott eingeladen werden können, wie es im Heilandsruf angelegt ist: *„Kommet her zu mir alle, die ihr mühselig und beladen seid, ich will euch erquicken" (Mt 11,28)*. So ebnet er den Menschen aller Völker einen eigenen unmittelbaren Weg zum einen Gott, ohne dass sie Glieder der jüdischen Religionsgemeinschaft werden müssen. Es kann sich nun ein neues Gottesvolk sammeln. Wie Israel sich zu Mose bekennt als seinem größten Propheten, so bekennt sich das neue Volk Gottes zu Jesus als seinem Heiland und Sohn Gottes, der nach jüdischem Verständnis der Fromme ist, der sich ganz Gott hingibt. Wie Mose der Mittler zwischen Gott und dem Volk ist, so wird Jesus zum Mittler zwischen Gott und den Völkern.

Mit dem Bekenntnis zu Jesus als dem Christus wird die jüdische Messiaserwartung aufgenommen, aber im Zusammenhang mit der Botschaft Jesu von dem Reich Gottes inhaltlich entscheidend verändert. So konnte Jesus auf die Frage *„Wann* *kommt das Reich Gottes?"* antworten: *„Das Reich Gottes ist mitten unter euch" (Lk 17,21).* Nach orthodoxem jüdischen Verständnis ist der Messias ein leibhaftiger Mensch, der das Friedensreich am Ende dieser Zeit aufrichten wird. Für Jesus bricht das Reich Gottes mit ihm schon jetzt und hier zeichenhaft an in einem Leben aus der Liebe und in allen Menschen, die ihm in der Liebe nachfolgen. In diesem Sinn ist er der Christus, der Friedefürst. Wenn Christen von Gott reden, dann ist Gott der, wie Jesus ihn verkündigt und gelebt hat.

Ein Leben nach der Thora kann bei allem Ernst und Eifer auch in einer Werkgerechtigkeit erstarren, die am Buchstaben des Gesetzes festhält und damit nicht mehr im konkreten Einzelfall nach einer Lösung sucht, die dem Fall gerecht wird. Hier setzt der Prophet Jeremia ein, der die Zusammenhänge von Wort und Geist aufdeckt mit der Verheißung: *„Das soll der Bund sein, den ich mit dem Hause Israel schließen will nach dieser Zeit, spricht der Herr: Ich will mein Gesetz in ihr Herz geben und in ihren Sinn schreiben" (Jer 31,33).* In Herz und Sinn schreiben, das heißt doch, das Gesetz nicht als etwas Fremdes und Auferlegtes zu betrachten, sondern es zur eigenen Sache, zur Herzenssache zu machen. Es taucht also hier schon das Problem auf, das in der Neuzeit von Kant gesehen wurde, dass die Kenntnis des Gesetzes allein nicht ausreicht, um auch im Sinn des Gesetzes zu handeln. Es muss eine Kraft geben, die der Mensch nicht aus sich selbst hat. Von dieser Kraft spricht der Prophet Joel (3,1): *„Und nach diesen Tagen will ich meinen Geist ausgießen über alles Fleisch."*

Von diesem Geist Gottes war Jesus erfüllt, der ihm die Vollmacht seiner Rede im freien Umgang mit der Tradition seiner Zeit gab. Der Bruch mit der Tradition, den Neusner im Wirken des galiläischen Weisen sieht, ist in Wahrheit ein Durchbruch und die Erfüllung der alten prophetischen Tradition, den universalen Anspruch des Gottes Israels zur Geltung zu bringen. Jeder Mensch konnte nun direkt von Gott angesprochen werden, in Verantwortung vor ihm aus dem Geist der Liebe seinen Geboten und Weisungen zu folgen.

Jesus ruft so den Menschen in eine personale Verantwortung vor Gott. Er hat das Gesetz nicht nur an bestimmten Punkten anders interpretiert, wie es auch schon die Pharisäer taten, sondern er hat den Menschen zum Maßstab in der Anwendung des Gesetzes gemacht, wenn er sagt: *„Der Sabbat ist um des Menschen willen gemacht" (Mk 2,27).* Es ist also nicht einfach der Buchstabe entscheidend, sondern es kommt auf eine Güterabwägung an, um dem Geist des Gesetzes gerecht zu werden nach dem Wort des Paulus: *„Der Buchstabe tötet, aber der Geist macht lebendig" (2. Kor 3,6).*

Die gelebte Liebe steht im Zentrum des Lebens Jesu, der er treu geblieben ist bis zu seinem Tod am Kreuz. Vor seiner Verhaftung feierte er mit seinen Jüngern ein letztes Abendmahl nach der jüdischen Sitte des Passahfestes, aber wiederum mit grundlegenden Veränderungen. An die Stelle der jüdischen Familie tritt die Glaubensfamilie. Und an die Stelle der Erinnerung an den Auszug aus Ägypten tritt die Erinnerung an Jesus und sein Martyrium als Opfer der Liebe. Das Sühneopfer gehört einer vergangenen Epoche der jüdischen Geschichte an. Wenn dennoch die Deutung des Todes Jesu als Sühneopfer eine zentrale Bedeutung in der Geschichte der Kirche gewonnen hat, dann dürfte das im Zusammenhang mit der Heidenmission stehen. Im Kreuzestod Jesu als Sühneopfer kann man eine Zusammenfassung der Botschaft Jesu sehen, die in einer kultischen Sprache sagt: Gott ist versöhnt. Eine solche Konzentration auf ein Ereignis gab einen plakativen Ansatzpunkt für die Mission in der heidnischen Welt, die noch mit Altären und Opfern lebte.

Jesus erwartete das nahe Ende der Welt, wie schon manche Propheten vor ihm. Er verband diese Erwartung in einer noch sehr verhaltenen Weise mit der Vorstellung von einem doppelten Ausgang. In der späteren Kirche und im Islam hat diese

Vorstellung einer ewigen Seligkeit und ewigen Verdammnis eine breite Ausmalung in Bildern von Himmel und Hölle erfahren. Fragt man nach den Ursachen, die zu dieser Verbindung geführt haben, dann bot dieser Dualismus einen befreienden Erklärungsgrund für das allgemeine Bedürfnis, dass alle Ungerechtigkeit dieser Welt und alles Leid einen gerechten Ausgleich finden müsste durch die ewige Seligkeit und ewige Verdammnis. So erfüllt der Dualismus die Bedürfnisse einer allgemeinen Volksfrömmigkeit. Von beiden Religionen wurde dieser Dualismus aufgenommen und instrumentalisiert als Erziehungsmittel, das Volk mit der Drohung ewiger Verdammnis zum Gehorsam gegenüber den Geboten Gottes zu verpflichten und dann auch, um das Volk an die eigene Lehre und Institution zu binden.

Man kann die Lehre vom doppelten Ausgang allenfalls als Gleichnis und Bild für innere geistige Vorgänge verstehen. So versuchen liberale Lehrer beider Religionen gegenüber einem wörtlichen Verständnis dieser Texte den existenziellen Hintergrund zu erhellen etwa in dem Sinn, das Bewusstsein für die Verantwortung vor Gott zu schärfen. Spricht man damit noch Menschen in unserer Zeit an? Es sind doch Vorstellungen einer vergangenen Zeit, die der Geschichte angehören.

Auf diesem Weg der Androhung von Höllenstrafen kann niemals Liebe geweckt werden. Die Vorstellung von einer ewigen Verdammung mit höllischen Qualen steht in einem unlösbaren Widerspruch zu dem Gott, dessen Liebe und Gnade allen Menschen gilt. Es gibt gute theologische Gründe, den Juden zu folgen und dieser Vorstellung von einem doppelten Ausgang endgültig den Abschied zu geben. Unter vielen Christen spielt diese Vorstellung ohnehin keine Rolle mehr.

Himmel und Hölle bleiben ein sehr sprechendes Bild für die Folgen menschlichen Verhaltens in dieser Welt. Wo Menschen die Gebote Gottes missachten, da wird das Leben zur Hölle. Man denke nur an die verheerenden Folgen der Selbstmordattentäter oder den Genozid an den Juden, wo wahllos Zivilisten, Männer, Frauen und Kinder getötet werden. Der Himmel ist dort, wo Menschen im Frieden miteinander leben und in Liebe einander begegnen

In der Antike gab es viele Heiden, die vom jüdischen Glauben angesprochen wurden. Sie konnten sich aber nicht entschließen, Glied der jüdischen Gemeinde zu werden. Die Speisegebote und die Beschneidung hinderten sie an einem solchen Schritt. Erst die Christen öffneten ihnen den Zugang, durch den sie die jüdische Tradition aufnehmen konnten, ohne die Auflage der kultischen Ordnungen übernehmen zu müssen. Mit der Verbindung zu den Griechen veränderte sich auch die Deutung Jesu, die aus der jüdischen Tradition stammte. Sie brachten ihre eigenen religiösen Vorstellungen ein. Der Sohn Gottes war nach jüdischem Verständnis der Fromme, der sich ganz Gott hingibt. Für die Griechen ist das ein Mensch, der von einem Gott gezeugt wurde. Die Erzählung von der Jungfrauengeburt kommt dieser griechischen Auffassung entgegen. Die Söhne Gottes werden bei den Griechen in den Olymp der Götter gehoben als Kyrioi. Sie sind Gott gleich. Diese Vorstellung von Menschen, die Gott gleich sein sollten, widersprach dem Judentum. Das griechische Denken hat in der folgenden Geschichte das Bekenntnis zu Jesus als Sohn Gottes bestimmt.

In den Evangelien fließen ineinander Erzählungen aus dem Leben Jesu und die inneren Erfahrungen der Jünger, die ihnen im Leben mit Jesus widerfuhren. Die Fülle dieser Erfahrungen findet in vielfachen mythischen Bildern und Erzählungen ihren Ausdruck, angefangen bei der Geburt durch die Jungfrau Maria über die Naturwunder bis hin zur Auferstehung und Himmelfahrt. Solche Bilder stehen nicht in Konkurrenz zu wissenschaftlichen Erkenntnissen. Sie sind ein Stilmittel, Erfahrungen und Einsichten des Glaubens zu vermitteln, die das Leben transparent werden lassen für die Welt des Geistes. Dem

Glauben ist aus dem Geist Jesu eine schöpferische Gabe gegeben, seine Erfahrungen in Bilder und Erzählungen zu fassen und weiterzugeben, die eine größere Offenheit haben als Begriffe. Sie regen den Hörer zum eigenen schöpferischen Denken an, wecken seine Fantasie und ermöglichen ihm einen eigenen Zugang zum Glauben, von dem er dann auf seine Weise Zeugnis zu geben vermag. Ohne die Geburtsgeschichte des Lukas hätte es wohl kaum das Weihnachtsfest gegeben mit seinem großen Reichtum an Liedern, Legenden und künstlerischen Darstellungen, die alle Jesus als den Heiland preisen, der aus dem Geist Gottes geboren ist. Ohne diese Geschichte kein Weihnachtsoratorium von J. S. Bach. Und ohne die Erzählung von der Auferstehung Jesu hätte es nicht das Osterfest gegeben mit seinem Jubel und der Freude in der Gewissheit, dass Gott wahrhaft in Jesus erschienen ist. Der Tod ist nicht das letzte Wort über das Leben. Die Auferstehung ist zu einem aussagekräftigen Bild geworden für einen neuen Lebensraum. Zu allen Zeiten haben Menschen in dieser Botschaft Hoffnung und Zuversicht gefunden.

Solche Erzählungen erfassen Menschen in der Tiefe ihrer Empfindungen und Gefühle, während Worte und Begriffe weithin auf der rationalen Ebene bleiben mit einer kritischen Distanz. Diese Erzählungen öffnen einen weiten Raum und erschließen neue Perspektiven, die einem rein rationalen Denken verschlossen bleiben. So werden wir in eine umfassende Wirklichkeit hinein genommen, in die wir eingebunden sind.

Die weltgeschichtliche Bedeutung Jesu liegt darin, dass er den Völkern der Welt den Zugang zum einen und wahren Gott gebracht hat, wie er zuerst Israel offenbart wurde. Das alte apostolische Bekenntnis zu Gott Vater, Sohn und Heiliger Geist ist das Bekenntnis zum einen Gott als Vater über uns, als Jesus unter uns und als Geist des Lebens in uns. Der Glaube hält sich an Jesus. Der Jude Jesus und das biblische Wort, gelöst aus der Schale dogmatischer Lehren, sind die Quellen des persönlichen Glaubens von Christen quer durch alle Konfessionen. Es ist interessant, wie der gegenwärtige Papst Franziskus in seinem ersten apostolischen Schreiben „Die frohe Botschaft Jesu" im Geist und mit den Worten Jesu um die Menschen wirbt: ohne Mahnungen „Es ist fest zu glauben", wie sie wiederholt im Schreiben „Dominus Jesus" seines Vorgängers zu finden sind. Der eine ist erfüllt von der Sorge um den Menschen, der andere gebannt durch die Angst um die Kirche. Kirchliche Lehren und Dogmen sind für den persönlichen Glauben irrelevant. Glaube lebt aus dem biblischen Wort und will bedacht sein im Zusammenhang der Glaubenszeugnisse aus der Geschichte und der eigenen Lebenserfahrung. Auf dieser Erfahrungsebene können sich nicht nur Christen verschiedener Konfessionen treffen, sondern auch Menschen fremder Religionen und Freidenker.

Den eigenen Weg zu Gott suchen

Die Bibel ist das Buch des Lebens. Sie ist für jeden Christen die Quelle des gelebten Glaubens. Im Schnellkurs oder Kurzlehrgang kann man Glauben nicht lernen. Glaube ist ein lebenslanger Prozess, der auch Zeiten des Atemholens und der Stille braucht, um Abstand zu gewinnen vom lauten Getriebe, und einen zur Besinnung kommen lässt. Nun heißt es heute allgemein, dass man keine Zeit habe. Aber gleichzeitig hat jeder Zeit für das, was ihn besonders interessiert. Es muss nicht gleich der Glaube sein, der sein Interesse findet. Es kommt aber darauf an, ein Bewusstsein dafür zu haben, dass Zeiten der Besinnung für das Leben nicht weniger wichtig sind als die Pflege der körperlichen Gesundheit. Nicht unzutreffend hat Blaise Pascal bereits vor 350 Jahren eine Ursache des Unglücks der Menschen darin gesehen, dass sie unfähig sind, in Ruhe allein in ihrem Zimmer bleiben zu können. In die gleiche Richtung weist ein Wort des Rabbi aus den Erzählungen der Chassidim: „Ein Mensch, dem nicht an jedem Tag eine Stunde gehört, ist kein Mensch."

Man sollte bei solchen Gedanken nicht gleich in Abwehrhaltung gehen, sondern darüber nachdenken, ob mein Leben im Dauerstress oder ruheloser Hektik eigentlich noch einen Sinn hat. Und wenn die Situation durch den Zwang der Verhältnisse bedingt ist, dann ist die Frage, ob man mit den Verhältnissen bricht oder selbst von ihnen zerbrochen wird. Auf jeden Fall geben Zeiten der Besinnung den Raum frei, über mein Leben nachzudenken. Solche Gedanken können dann auch eine Offenheit wecken für Worte und Zeugnisse des Glaubens.

Wenn einem dann ein biblisches Wort begegnet oder zugesprochen wird, das unmittelbar in Beziehung zu der augenblicklichen eigenen Lebenssituation steht, dann kann das Interesse geweckt werden, weiter in der Bibel zu lesen. Man entdeckt, wie sich die bunte Vielfalt des Lebens in ihren Worten spiegelt. Die einzelnen Bücher der Heiligen Schrift stehen sicher in unterschiedlicher Nähe zum gelebten Glauben. Die kultischen und rituellen Gesetze des Alten Testaments haben für die Christen ihren verpflichtenden Charakter verloren. Man sollte Ausschau halten nach einem Menschen des Vertrauens, der einem hilft, biblische Worte mit der Lebenserfahrung zu verbinden. Verstehen verlangt Zeit, Muße und Einfühlungsvermögen. Die Muße ist nicht auf einen Zweck ausgerichtet, um etwas Bestimmtes zu erreichen, sondern Muße ist in sich selbst sinnvoll durch die Offenheit, den Worten der Schrift und dem Leben nachzudenken und sich in seinen Gedanken führen zu lassen.

Solche Gedanken lenken das Augenmerk auf die schönen und reichen Gaben des Lebens und auf den Trost und die Hilfe in schweren Tagen. So führen sie zu einem positiven Denken. Ein amerikanischer Psychologe hat einmal den Rat gegeben, sich einen Zettel mit zwei Spalten zu nehmen, um in die eine Spalte zu schreiben, worüber man zu klagen habe, und in die andere, wofür man zu danken habe. Dabei wird man feststellen, dass man viel mehr Grund zur Dankbarkeit als zur Klage hat. Ein solches Experiment offenbart nämlich, wie dominant die Tatsachen uns bestimmen, die unser Klagen veranlassen und all das überdecken, was uns zur Dankbarkeit anleiten kann.

Der wesentliche Grund zur Dankbarkeit ist für mich allein die Tatsache, dass ich noch leben darf. Mein Hausarzt sagte mir in einem längeren Gespräch nach dem frühen Tod meiner Frau: „Was wollen Sie, Sie leben weiter." Das klang in dem Augenblick ziemlich brutal, aber er hatte recht. Der Verlust eines Menschen ist ein tiefer Schmerz, denn man verliert ein Stück seines eigenen Lebens. Wahre Trauer erfüllt einen für den, dem das Leben genommen wurde. Trauer darf nicht Selbstmitleid sein.

Dankbarkeit ist eine wesentliche Voraussetzung für ein Leben, in dem der Mensch in sich selbst ruht, nicht in satter Selbstzufriedenheit, sondern mit einer hohen Sensibilität für den vielfältigen Reichtum des Lebens wie auch für die Not des Nächsten. Zugleich liegt in der Dankbarkeit eine große Hilfe und Kraft, auch mit den Lasten des eigenen Lebens besser umgehen zu können, wenn sie über einen kommen. Es ist wichtig, die guten Erfahrungen im Leben im Gedächtnis zu bewahren. Dann prägt sich solche Zeit tief in die Erinnerung ein. Sie kann dann zu einem Licht werden in dunkler Zeit, wie bei dem vom Schicksal gebeugten Hiob, der dem Rat seiner Frau, Gott abzusagen, mit dem Wort begegnet: *„Haben wir Gutes empfangen von Gott und sollten das Böse nicht annehmen?"* *(Hiob 2,10)*

In dieser Verbindung mit dem eigenen Leben wollen die biblischen Bücher gelesen sein. Dann kann es zu einem Brückenschlag zwischen Gott und dem eigenen Leben kommen. Die biblischen Worte sind ein Spiegel unseres Lebens. Sie lassen uns selbst besser verstehen und decken Zusammenhänge und Hintergründe unseres Lebens auf, dass wir uns an ihnen orientieren können. Der Sozialpsychologe und Psychoanalytiker Tobias Brocher schreibt in den „Stufen des Lebens": „Leider wird es ein für alle Menschen und alle Zeiten gültiges Lebensbrevier kaum geben, obgleich dem Findigen eine zeitlose Schrift vieles enthüllen würde, was moderne Soziologie, Philosophie und Psychologie in einer anderen Sprache ähnlich auszusagen versuchen. Welches Buch ich meine? Um es mit Bert Brecht zusagen: 'Sie werden lachen – die Bibel.'" (S. 102)

Von Gott kann nun einmal nicht objektiv gesprochen werden. Jeder Versuch, die Wirklichkeit Gottes in Begriffen zu erfassen, bleibt im Widerstreit menschlicher Meinungen, zumal die Vorstellung von dem, was für wirklich gehalten wird, sehr stark von der je eigenen Einstellung bestimmt ist. Es gibt nur einen persönlichen Zugang nach dem Wort: *„Du wirst Gott* *finden, wenn du ihn von ganzem Herzen und von ganzer Seele suchen wirst" (5. Mose 4,29).* Dieser persönliche Bezug in der Begegnung mit Gott ist deutlich zu betonen gegenüber allen Versuchen, Gott in Lehren und Dogmen einzufangen. Kein Wort und kein Buch ist schon Wort Gottes, sondern es wird zum Wort Gottes, wenn es als Ansprache wie das Wort eines Freundes erfahren wird.

So kann jeder nur für sich aus einer persönlichen Beziehung von Ich und Du, von Gott und Mensch sprechen oder aus einer mystischen Erfahrung, von der noch zu reden sein wird. Mit anderen Worten, es ist nicht allgemein nach der Wirklichkeit Gottes zu fragen, sondern umgekehrt ist von der Wirklichkeit des Lebens auszugehen und den Erfahrungen, die man mit Gott durch sein Wort gemacht hat und durch Begegnungen mit Menschen, die den biblischen Glauben leben. So wird Gott „wirklich" im eigenen Leben. Das ist zwar kein Gottesbeweis, den es nie gibt, aber die Erfahrung eines Lebens mit Gott schenkt eine Gewissheit, die den Glauben trägt.

Wenn nur aus dieser persönlichen Beziehung von Gott geredet werden kann, ist dann der Glaube doch etwas Privates, wie von vielen Seiten behauptet wird? Er ist keine private Sache, sondern er ist persönlich. Das ist ein himmelweiter Unterschied. Das Private ist das Individuelle eines jeden Menschen, das sich in seinen besonderen Interessen oder auch Hobbys darstellt. Das Persönliche ist etwas allgemein Verbindendes wie Freude und Leid, das jeder erfährt und Menschen untereinander verbindet. Man denke nur an das persönliche Zeugnis des Dichters des 23. Psalms. Er verbindet sein ganzes Leben mit Gott als seinem guten Hirten. Es sind die guten und schönen Zeiten *„auf den grünen Auen und am frischen Wasser"*, aber auch die dunklen Tage *„im finsteren Tal"*, in denen er bei Gott Halt und Hilfe findet. In diesen Worten des Psalms haben Juden und Christen durch die Jahrtausende bis auf den heutigen Tag ihre Erfahrungen mit Gott ausgesprochen gefunden.

Der christliche Glaube an Gott hat seine Quelle nicht in einer Lehre von Gott, sondern vor allem im Menschen Jesus von Nazareth. In ihm und durch ihn nehmen wir Gott wahr. Das heißt, der Glaube an Gott wird nicht über Belehrungen erschlossen, sondern in der Begegnung mit Jesus und mit Menschen, die aus seinem Geist leben. Gott kann nicht von dem Menschen gelöst werden, wenn von ihm zu reden ist. Er ist im Menschen, wie er exemplarisch in dem Jesus von Nazareth erschienen ist. Darum nennen die Christen ihn auch Christus, den Gesalbten Gottes.

Keiner steht so mit seinem christlichen Glauben allein und keiner hat ihn aus sich selbst geschöpft. Es waren in der Regel zunächst die Eltern, die Kinder mit der Welt des Glaubens vertraut machten. Das ist heute nicht mehr die Regel. Aber fast jeder Christ wird Menschen benennen können, die ihn an den Glauben herangeführt haben. Für mich ist es noch das Elternhaus gewesen. Nach dem Tod meines Vaters hat mich in meiner Jugend allein meine Mutter geprägt. Sie war eine lebenskluge Frau, die aus der Bibel und dem Gesangbuch lebte, die beide als Bettlektüre auf ihrem Nachttisch lagen. Sie wirkte einfach durch ihre Persönlichkeit in großer Offenheit und Freiheit ohne viele Worte, die dann aber, wenn sie etwas sagte, sehr genau auf Lebens- und Glaubensfragen Bezug nahmen und zum eigenen Denken über den Tag hinaus anregten. Nur zwei Beispiele: Als ich abfällig über einen Bekannten sprach, sagte sie nur: *"Was tut ihr Sonderliches, so ihr liebt, die euch lieben. Tun nicht also auch die Heiden?"* Ende. Zu einem Bild „Jesus wandelt auf dem Meer" machte ich als junger Student die saloppe Bemerkung: „Der wird auch ertrunken sein wie alle anderen Menschen." Da kam ganz ruhig die Antwort: „Weißt du, das interessiert mich nicht. Er hat aber gesagt: *'Fürchtet euch nicht.'* Das ist mir wichtig." Heute hängt das Bild in meinem Zimmer, im Geist verbunden mit den Worten der Mutter. An der Theologie interessierte mich später vor allem das, was mir half, den Glauben zu verstehen, um Glauben und kritisches Denken integrieren zu können.

Jeder kann nur so von Gott sprechen, wie er ihn erfahren hat oder er für ihn überzeugend im Leben anderer aufleuchtet. Selbst das, was einem im Glauben wichtig geworden ist, kann man nicht adäquat in Worte fassen. Es bleibt immer hinter dem zurück, was einen im Innersten mit Gott verbindet. Worte und Begriffe sind immer schon Begrenzungen, die nie die ganze Fülle des Glaubens ausschöpfen. Hinzu kommt, dass mit dem Wort Gott sehr unterschiedliche Gedanken und Vorstellungen verbunden werden, die es schwierig machen, miteinander ins Gespräch zu kommen. So sah auch Bonhoeffer die Vokabel Gott als problematisch an. Es ist darum zumindest der Versuch zu machen, zu klären, wovon man redet, wenn man von Gott spricht.

Augustin hat den wertvollen Hinweis gegeben, dass der nicht auf einem falschen Weg ist, der Gott als das Leben selber denkt. Gott steht hier für die komplexe Wirklichkeit des Lebens in ihrer materiellen und geistigen Vernetzung. Man kann sie nicht fortschreitend erschließen, weil alle Teile in einem inneren wechselseitigen Zusammenhang des Ganzen stehen, sodass man das Leben nicht in seine Teile zergliedern kann, um dann die Zusammenhänge zu erkennen.

Gott ist also keine Weltformel, die alles erklärt. Es geht in der Frage nach Gott um einen sehr viel bescheideneren Aspekt, auf dem Weg der Erfahrung die für das menschliche Leben relevanten Zusammenhänge im Natur- und Weltgeschehen zu erkennen und Orientierungspunkte zu finden für den Umgang mit der Natur, für das soziale Verhalten und für das eigene Leben. Der Christ kann auf die Fülle der Erfahrungen und Einsichten zurückgreifen, die in mehr als tausend Jahren gewachsen und gereift sind. Er findet sie in den Büchern der Bibel. Bei allem Reichtum dieser Überlieferung und den eigenen Erfahrungen weiß der Christ, dass kein Mensch die ganze Fülle Gottes ausschöpfen kann. Damit ist eine Offenheit für neue Erfahrungen und Einsichten verbunden. So wusste schon Israel, dass man Gott nur in Ehrfurcht begegnen kann. Albert Schweitzer sprach von der Ehrfurcht vor dem Leben. Damit wehrte Israel zugleich allen Versuchungen, sich ein Bild von Gott zu machen und zu glauben, man habe abschließend begriffen, wer Gott sei. Wem der Begriff Gott fremd ist, der sollte jeweils an die Stelle einfach „das Leben" setzen oder nach jüdischer Tradition „der Herr", denn es geht hier um die Erkenntnis der inneren Zusammenhänge unseres Lebens und der Suche nach dem, was für unser Leben wahr und gültig ist. In einem solchen Bemühen können sich alle Menschen treffen unabhängig von der persönlichen Weltanschauung oder Religion.

Die inhaltliche Füllung des Begriffes Gott findet der Christ in Jesus und dem Gesamtzeugnis der Heiligen Schrift. Das ist ein sehr persönlicher Vorgang, in dem es vor allem darauf ankommt, die Worte der Schrift in Beziehung zu setzen zu den eigenen Erfahrungen des Lebens. Das kann nicht oft genug wiederholt werden. Am Leben selbst müssen die aus der Schrift gewonnenen Einsichten sich bewähren. So kann eine Gewissheit des Glaubens wachsen.

Mit dem Glauben ist eine komplexe Erfahrungswelt verbunden, die man nicht angemessen in Worte fassen kann. So meint Goethe: „Gefühl ist alles, Name ist Schall und Rauch." Aber der Glaube will sich auch anderen mitteilen und mit ihnen austauschen. Erfahrungen und Einsichten des Glaubens werden allgemein in mythischen Erzählungen, Legenden, Gleichnissen und Symbolen zum Ausdruck gebracht und weitergegeben sowie durch persönliche Zeugnisse in der Dichtung, Malerei, Skulpturen und nicht zuletzt in der Musik. In diese Vielfalt der Rede von Gott sind die persönlichen Zeugnisse von Menschen eingeschlossen, die diesen Glauben leben. Heute würde man sagen, die „authentisch" sind. Eine solche Haltung ist durch Dritte nicht zu vermitteln. Sie muss von jedem durch die eigene Lebenserfahrung erworben werden.

Darin liegt die Grenze aller kirchlichen Bemühungen um eine Förderung der pastoralen Kompetenz.

Von Kindestagen an ist vielen Gott als Person vertraut und gegenwärtig. Aber mit zunehmendem Alter wird dieses kindliche Vertrauen in einen allgegenwärtigen Vater zunehmend infrage gestellt. Das ist ein kritischer Punkt im Leben, in dem es darauf ankommt, nicht loszulassen, sondern entsprechend der geistigen Entwicklung den Dialog mit den biblischen Worten und Zeugnissen des Glaubens aus der Geschichte der Kirche zu suchen. Gott ist Geist, mit dem keiner ganz eins wird, dem man aber näherkommen kann. Eine Kommunikation im Geist trägt personalen Charakter, sodass Gott in dieser Beziehung als Person erfahren wird. Aber eben nur in dieser Beziehung. Er kann nicht von der persönlichen Erfahrung losgelöst verobjektiviert werden. Oder anders ausgedrückt, Person ist keine Wesensbeschreibung Gottes.

Neben diesem personalen Bezug zu Gott steht die mystische Tradition der Kirche, ohne dass man sich damit vollständig von einem personalen Denken lösen muss. Beide Weisen der Hinwendung zu Gott als Person oder als Geist stehen in unserem Leben nach der je gegebenen Situation nebeneinander, ohne damit in einen Widerspruch zu geraten. Menschen denken entweder mehr persönlich-geschichtlich wie im semitischen Denken oder mehr rational-abstrakt entsprechend dem griechischen Denken und wechseln zwischen beidem. Im hinduistischen Denken sind diese beiden Seiten der Wahrnehmung Gottes versöhnt als Hingabe und Weisheit, den zwei der meistbegangenen Wege, die zu Gott führen, wie es dort heißt.

Bei allen kritischen Überlegungen lebt der Glaube von Erzählungen, Legenden und Mythen, die aber nicht nach dem Buchstaben, sondern in ihrer Transparenz für die Erfahrungen des Glaubens verstanden werden wollen. Sie sind ein Medium und nicht die Sache selbst. Der Glaube sucht heilige Räume mit Symbolen, Riten und Musik zur Andacht und Sammlung, weil er eine eigene sakrale Welt in ihrer Offenheit für eine Transzendenz braucht, um sein Leben und Denken im Glauben zu bewahren. Alle Sinne wollen angesprochen sein, denn Emotionen prägen das Hirn stärker als rationale Argumente, ohne das Denken als kritische Instanz zu vernachlässigen.

Der Begriff „Mystik" umfasst ein vielschichtiges Gebilde. Es lassen sich bei näherem Hinsehen Einsichten gewinnen, die gerade für die eigene Zeit sehr hilfreich sind. Die Mystik ist in ihrem Kern eine existenzielle Erfahrung des Göttlichen. Darin liegt ein Potenzial, den absoluten Anspruch von Dogmen und institutionellen Verkrustungen zu sprengen, eine Anlage zur Brückenbauerin zwischen den Konfessionen und Religionen im Geist der Toleranz.

Nach dem wohl bedeutendsten Mystiker des Mittelalters, Meister Eckhart, kommt es zuerst auf die „Abgeschiedenheit" an, „dass der Mensch frei werde von sich selbst und von allen Dingen". Das ist der Kernpunkt seines Predigens, sich zu lösen vom Ego und den eigenen festgelegten Gedanken und Meinungen. Dann kann es geschehen, dass in der Kontemplation, Versenkung und Erleuchtung Gott so verinnerlicht wird, dass er kein Objekt des Vorstellens, kein Gebieter des Willens mehr ist, sondern eine eigene innerliche lebendige Geistigkeit. Die „Wahrheit" ist dann bei Eckhart nicht mehr eine Berufung auf das Evangelium und die Lehren der Kirche, sondern Ausdruck einer inneren persönlichen Gewissheit. Eckhart geht noch einen Schritt weiter. „Die Freiheit von" muss zur „Fruchtbarkeit" führen, sodass die mystische Einheit mit Gott sich in sittlichem Leben und der gesellschaftlichen Verantwortung zu bewähren hat. Rückzug und Wiederkehr hat Toynbee das Grundgesetz der Geschichte genannt. Rückzug in die geistige Sammlung, Wiederkehr zum aktiven Handeln. In der Konzentration auf solche Phasen der Besinnung wäre die mystische Tradition aufzunehmen. Daran mag Karl Rahner gedacht haben, wenn er vom Christen des 21. Jahrhunderts sagt, dass er ein Mystiker sein wird.

Schöpfung und Evolution

"*Was ist der Mensch, dass du seiner gedenkst?*" *(Ps 8,5),* fragte schon der Dichter des Psalms im Anblick des Himmels. Gegenüber der alten Zeit bekommt diese Frage heute ein viel stärkeres Gewicht. Früher konnte man sich immerhin noch Gott als den vorstellen, der über dem Sternenhimmel thront. Heute stellt sich einem beim Anblick des Himmels das Wissen ein, das uns die Wissenschaft vermittelt. Man sieht die Milchstraße und ahnt nur etwas vom unendlichen Raum, der in Millionen von Lichtjahren berechnet wird. Das Alter der Welt wird auf 13,7 Milliarden Jahre geschätzt, das der Erde auf 4,5 Milliarden. Das alles übersteigt menschliches Vorstellungsvermögen. Die Astronauten haben nach der Fahrt zum Mond vom „Raumschiff Erde" gesprochen. So stellte sich ihnen der runde Ball, unsere Erde, dar. Das dürfte ein zutreffendes Bild sein. Und der Mensch? Aus kosmischer Sicht ist er eine marginale Randerscheinung, ein winziges Teilchen. Nicht mehr! Aber unser Lebensraum ist nicht der Kosmos, sondern die Erde. Dort hat die Beziehung zwischen Gott und Mensch ihren Ort. Pointiert ist gesagt worden: „Das Betätigungsfeld Gottes ist das menschliche Herz."

Die Israeliten hatten sich schon in alter Zeit allgemeine Gedanken gemacht über die Verbindung ihres Gottes zur Natur. Aber erst in der Zeit ihres Exils in Babylon um das Jahr 500 v. Chr. wurden sie gezwungen, eine klare Antwort auf diese Frage zu finden. Im Exil waren sie umgeben von babylonischen Göttern, die sich in Gestirnen und Naturerscheinungen zeigten. Nun mussten sie klären, in welchem Verhältnis ihr Gott, der eine Gott aller Menschen, zu den Naturgöttern steht. Es geht also im Kern um die Gottesfrage und nicht um Naturkunde.

Israel nimmt die allgemeinen Vorstellungen der damaligen Zeit auf, wie sie in vielen Schöpfungsmythen ihren Niederschlag gefunden haben. Das Entscheidende liegt darin, wie sie diese Vorlagen von ihrem Glauben her deuten. Nach der biblischen Erzählung ist ein Chaos vorgegeben, im Hebräischen mit dem schönen lautmalenden Wort „Tohuwabohu" umschrieben. Die Herkunft dieses Chaos wird nicht weiter bedacht. Es ist vorgegeben. Aus dem Chaos schafft der Geist Gottes durch sein Wort eine gute Ordnung, den Kosmos. Wie Israel seine Lebensordnung von Gott empfangen hat, so verbindet es auch die Ordnung der Natur mit Gott. Im Psalm (104,24) heißt es darum: *„Herr, wie sind deine Werke so groß und viel! Du hast sie alle weise geordnet."* Diese Verbindung der Ordnung mit Gott hat Konsequenzen. Wenn die Menschen diese Ordnung Gottes missachten, bricht das Chaos erneut aus, wie es später in der Geschichte von der Sintflut geschieht. Hier werden Zusammenhänge aufgedeckt, die heute neue Aktualität gewinnen.

Aus dem Glauben an den einen Gott folgt zwangsläufig die Auseinandersetzung mit den Naturgöttern, die zugleich religionsgeschichtlich interessant ist. *„Und Gott sprach: Es werden Lichter an der Feste des Himmels, die da scheiden Tag und Nacht und geben Zeichen, Zeiten und Jahre, und seien Lichter an der Feste des Himmel, dass sie scheinen auf die Erde. Und so geschah es. Und Gott machte zwei große Lichter: ein großes Licht, das den Tag regiere, und ein kleines Licht, das die Nacht regiere, dazu auch Sterne. Und Gott setzte sie an die Feste des Himmels, dass sie schienen auf die Erde"* (1. Mose 1,14-17).

Die mächtigen Götter Babylons wurden vom kleinen Israel einfach als Beleuchtungskörper hingestellt! Man macht sich heute kaum noch eine Vorstellung von der revolutionären Tat, die in solchen Worten liegt. Der ganze Götterhimmel des großen Babylon und mit ihm alle Naturgötter wurden entmachtet. Das war ein Akt der Befreiung. Aus den Naturgöttern wurden Geschöpfe. Die Natur hat ihre bedrohende und dämonische Kraft verloren, wie sie bis heute noch in der sprichwörtlichen „Heidenangst" lebt. Der alte Kampf der orientalischen Götter des Lichts und der Finsternis wird durch den einen Gott Israels beendet. Der Mensch ist nun befreit von allen Naturgöttern und Dämonen. So wie Gott das Volk durch die Geschichte bisher geführt hat, so wird er auch mit ihm sein im Naturgeschehen. Das ist die Botschaft des alten Schöpfungsmythos.

Es bleibt die Frage, wie der Glaube an Gott den Schöpfer unabhängig vom damaligen Weltbild in seiner mythischen Ausbildung in der Gegenwart zu verstehen ist. Eine Brücke gibt Luther in der Erklärung zum 1. Artikel des Glaubensbekenntnisses. Er sagt dort: „Ich glaube, dass mich Gott geschaffen hat samt allen Kreaturen, mir Leib und Seele, Augen, Ohren und alle Glieder, Vernunft und alle Sinne gegeben hat und noch erhält; dazu Kleider und Schuh, Essen und Trinken, Haus und Hof, Weib und Kind, Acker, Vieh und alle Güter; mit allem, was Not tut für Leib und Leben, mich reichlich und täglich versorgt, in allen Gefahren beschirmt und vor allem Übel behütet und bewahrt; und das alles aus lauter väterlicher, göttlicher Güte und Barmherzigkeit, ohn` all mein Verdienst und Würdigkeit; für all das ich ihm zu danken und zu loben und dafür zu dienen und gehorsam zu sein schuldig bin." Selbstverständlich kennt Luther die natürlichen Zusammenhänge, aber er nimmt das Leben mit allen Gütern als eine Gabe Gottes. Das hat Konsequenzen. Zur Gabe gehört die Dankbarkeit und die Verpflichtung, die mit den Gaben verbunden ist. Der Schöpfungsmythos will also nach Luther unsere Einstellung zur Natur bestimmen.

Damit ist der springende Punkt für das Verständnis der Schöpfungsgeschichte angesprochen. Es geht nämlich nicht um die Erklärung der Natur, sondern um die Beziehung zu Gott im Umgang mit der Natur. Es geht nicht um eine Alternative zwischen Evolution und Schöpfung, wie es gegenwärtig vor allem von evangelikalen Kreisen in Nordamerika vertreten wird. Für die Wissenschaft ist die Natur Objekt und Gegenstand ihrer Forschung. Sie erklärt sie nach dem je gegenwärtigen Stand der Forschung. Die Schöpfungsgeschichte will die Beziehung des Menschen zur Natur klären, wie er sie erlebt und wie er mit ihr umgehen kann. In diesem Zusammenhang erlebt er die Natur als göttliche Ordnung, der er dann auch verpflichtet ist, sie zu achten. Das ist eine Erkenntnis des Glaubens. Wissenschaftliche Forschung und persönlicher Glaube finden so eine sinnvolle Ergänzung, in dem es nicht nur um die Kenntnis der Natur geht, sondern vor allem um den rechten Umgang mit der Natur.

Die Herrschaft der Naturgötter ist gebrochen. Sie standen hinter den Naturgewalten. An ihre Stelle tritt nun nicht der Gott Israels sozusagen als alleiniger Naturgott. Der Gott Israels ist nicht die Summe der Naturgötter, sondern er ist ein anderer Gott, er ist ein Gott des Gesetzes und der Ordnung. Die Naturgötter gehören einer vergangenen Epoche der Religionsgeschichte an. Für manche Forscher liegen hier die Wurzeln der Säkularisierung in der Neuzeit.

Aber die naturreligiösen Elemente leben bis heute weiter, weil der Mensch immer auch Kreatur bleibt. Das Weihnachtsfest hat wohl nicht zuletzt eine so tiefe Verwurzelung im Volk gefunden, weil es mit der Wintersonnenwende zusammenfällt, dem alten Fest für den römischen Sonnengott. Das christliche Fest versucht das naturreligiöse Fest mit dem Geist Gottes zu durchdringen, mit Christus als der wahren Weihnachtssonne. Vergleichbares findet bei den natürlichen Einschnitten im Leben wie Geburt, Adoleszenz, Heirat und Beerdigung statt, indem diese Ereignisse durch die kirchlichen Riten als Gabe Gottes unter Gottes Wort und Weisung gestellt werden. Diese naturreligiösen Elemente bestimmen bis heute auch die Vorstellung von der Allmacht Gottes, die Gott mit Naturkatastrophen und allen bitteren Schicksalen verbindet. Darüber ist im folgenden Abschnitt näher nachzudenken.

Der Mensch bekommt den Auftrag, „sich die Erde untertan zu machen", oder wie es im zweiten Schöpfungsbericht heißt,

„den Garten Eden zu bebauen und zu bewahren" (1. Mose 1,28 und 2,15). Die Erde wurde ihm anvertraut, dass er sich von den Früchten und Erträgen der Erde ernähre. Es gibt ihm zugleich die Freiheit, die Natur zu erforschen, ihre Energien zu nutzen und eine größere Unabhängigkeit zu gewinnen. Es ist eine Freiheit, die ihm von Gott verliehen ist und die an Gott gebunden bleibt, in Verantwortung vor ihm die Freiheit wahrzunehmen. Gott ist nicht in der Natur, er handelt auch nicht durch die Natur, sondern sein Wille bestimmt den rechten Umgang des Menschen mit der Natur. Die Natur ist der Lebensraum des Menschen, in den er von Gott hineingestellt ist. Und dieser Gott gibt ihm Weisung durch sein Wort und die Kraft des Geistes, um in diesem Leben zu bestehen. So hat Israel eine positive Einstellung zur Natur und zum Leben auf dieser Erde begründet mit aller Freude an allen Gaben der Natur und an Geselligkeit und Festen. Das ist ein Kernstück des Glaubens Israels, den es bis heute gegen alle Tendenzen einer Leibfeindlichkeit und esoterischen Strömungen zu behaupten gilt.

Es liegt im Eigeninteresse des Menschen, seine Grenzen zu erkennen und zu beachten. Als Kreatur ist er selbst ein Teil der Natur. Er ist sozusagen zugleich Subjekt und Objekt seines Handelns, sodass sein Umgang mit der Natur auch ihn selbst trifft, im Guten wie im Bösen. Um seines eigenen Überlebens willen ist er gezwungen, ihre Gaben für sich und kommende Generationen zu erhalten. Er darf von den Früchten leben, aber nicht von der Substanz. Andernfalls entartet er zum Parasiten, der seinen Gastkörper, die Erde, aussaugt und damit seine eigene Lebensgrundlage zerstört. Der Mensch ist nicht absoluter Herr über die Natur. Er hat eine abgeleitete Vollmacht als Haushalter.

Der Begriff Ebenbild Gottes hat zu vielen Überlegungen und Deutungen geführt. Überzeugend ist für mich, das besondere Wesen des Menschen nicht aus dem Vergleich mit der übrigen Kreatur abzuleiten – frei nach einer biologischen Definition als Tier höherer Ordnung –, sondern er ist von Gott her zu verstehen in dem, was ihn mit Gott verbindet. Durch den Geist Gottes tritt sein Leben in eine Beziehung zu Gott, die ihn in die Freiheit entlässt und ihn zugleich bindet an die Verantwortung vor Gott, in der er auch den Herrschaftsauftrag wahrzunehmen hat. Durch diese Beziehung ist er herausgehoben aus der ganzen übrigen Kreatur, ist er einzigartig. Das verleiht ihm seine besondere Würde, die unabhängig von der individuellen Prägung zu achten ist. Die allgemeine Achtung der Menschenwürde hat hier ihren Urtext.

Die Wissenschaft erforscht die Natur nach ihren eigenen Voraussetzungen und Zusammenhängen, ohne auf Gott Bezug zu nehmen. Das Leben wird weithin von den technischen Errungenschaften der Neuzeit bestimmt, die keine direkte Beziehung zu Gott aufweisen. So entweicht Gott aus dem alltäglichen Lebenshorizont. Allein in der Sorge um die eigene Gesundheit erfahren Menschen noch ständig ihre kreatürliche Abhängigkeit. Neben dem fast grenzenlosen Vertrauen in die Medizin werden zunehmend die heilenden Kräfte des Geistes und der religiösen Lebenseinstellung erkannt. Der Arzt Peter Beatty, ein Vertreter der klassischen Medizin, entdeckt während einer eigenen schweren Erkrankung durch das Vertrauen zu einem Arzt die Heilkraft des Vertrauens und bemerkt dazu, dass sich diese Seite der Therapie naturwissenschaftlich kaum erfassen lässt. Die junge Wissenschaft der Neuropsychoimmunologie kommt mit aufwendigen wissenschaftlichen Experimenten zum gleichen Ergebnis, nur dass sie mit anderen Worten von heilender Wirkung spricht: wie positives Denken, Selbstwertgefühl, positive Gefühle, Dankbarkeit und soziale Kontakte. Das geschlossene wissenschaftliche Weltbild gewinnt hier eine Offenheit zur Wirklichkeit des Geistes. Es ist schon ein eigenartiges Phänomen der Zeitgeschichte, dass erst durch wissenschaftliche Experimente gestützte Erkenntnisse beachtet werden, die durch das Erfahrungswissen schon lange bekannt sind.

Wenn Paul Gerhard von Gott sagt: „Der Wolken, Luft und

Winden gibt Wege, Lauf und Bahn, der wird auch Wege finden, da dein Fuß gehen kann" (EG 361,1), dann wollen diese bildhaften Worte uns lösen aus der Enge unseres Denkens und Fühlens. Sie möchten in uns Vertrauen wecken, von dem diese Worte getragen sind. Es gehört zum Wesen der Dichtung wie zu jeder Kunst, dass sie sich der Bilder und Gegenstände bedient, um Gedanken, Gefühle und Ideen zum Ausdruck zu bringen. Das Gegenständliche wird durch die Kunst zum Medium des Geistes. Mit diesem Bild lenkt der Dichter ab von eigenen Sorgen, öffnet einen weiten Raum, der viele Wege in sich birgt, um so Vertrauen zu wecken, dass es auch für den von Sorgen Betroffenen einen neuen Weg gibt. Der springende Punkt ist das Vertrauen auf Gott.

Das Erlebnis der Natur hat etwas Faszinierendes durch ihre Schönheit und ihren Reichtum. Der erwachende Frühling mit seiner Farbenpracht bleibt ein überwältigendes Zeugnis des Lebens. Freude und Dankbarkeit erfüllen das Herz. In besonderen Erlebnissen kann man eine Harmonie mit aller Kreatur und dem Unendlichen spüren, als ob man in eine andere Welt eintaucht. Ähnliche Erfahrungen bleiben auch dem Naturwissenschaftler nicht verborgen. Für Albert Einstein ist das Schönste und Tiefste, was der Mensch erleben kann, das Gefühl des Geheimnisvollen. Wer das nicht wahrnimmt, der erscheint ihm wie ein Blinder. Dort sei ein für unseren Geist Unerreichbares verborgen. Diese Schönheit und Erhabenheit zu erleben, das ist für Einstein Religiosität. Naturerlebnisse weiten den Horizont und führen in eine Welt von Wundern hinein, die unsere Sinne oft nur in Staunen versetzen können. Sie lassen etwas ahnen von einer Weite, die über die uns vertraute Welt hinausgeht, und weckt religiöse Gefühle, die zur Frage nach Gott anregen können. – Doch Naturkatastrophen, Seuchen und Unwetter können Menschen in Angst und Schrecken versetzen. Das Naturerlebnis bleibt ambivalent. Es gibt auf die Frage nach Gott keine eindeutige Antwort.

Macht des Geistes

In den Schriften des Alten Testaments werden Krankheiten und natürliche wie auch geschichtliche Katastrophen als Strafgericht Gottes über die Menschen gedeutet. Schon Jesus hat diese Deutung verworfen, wie bereits erwähnt, aber sie hat sich bis in die Gegenwart erhalten. So fragen auch heute noch Menschen im Leid: „Warum trifft es gerade mich?" Oder es wird unter dem Eindruck der Ungerechtigkeit, der Not und des Terrors in der Welt gefragt: „Wie kann Gott das zulassen?"

Die leidige Frage der Theodizee, der Rechtfertigung Gottes, ist bezeichnenderweise zuerst von einem Philosophen, von Leibniz, gestellt worden. Die Frage hat bisher keine befriedigende Antwort gefunden und wird sie auch nicht finden. Sie verkennt, dass das Leben ein sehr komplexes Gebilde ist, das man nicht wie ein Objekt erschöpfend analysieren kann. Das Leben ist immer begleitet von Unwägbarkeiten, die sich jeder Berechnung entziehen. Diese Abhängigkeit von Einflüssen, die der menschlichen Verfügung entzogen sind, die sogenannte Kontingenzerfahrung, bleibt unberührt von allen Fortschritten in Wissenschaft und Technik.

Eine Vorstellung von der Allmacht Gottes in einer rationalen Perspektive bereitet zudem erhebliche gedankliche Schwierigkeiten durch die Alternative zwischen der Allwirksamkeit Gottes und der Freiheit des Menschen. Konsequent zu Ende gedacht wird die Welt zu einem Marionettentheater, bei dem Gott allein die Fäden in der Hand hält. Nun kann man sagen, dieser logische Widerspruch ist in Gott aufgehoben, indem das Leben ein polares Spannungsfeld von Freiheit und Fügung ist. So hat schon Nicolaus von Kues (gest.1464) Gott als coincidentia oppositorum umschrieben, als Zusammenfall der Gegensätze. Dieser logische Widerspruch kann vom Glauben angenommen werden. Für ein rationales Denken bleibt nur die Feststellung des Widerspruchs. In jedem Fall bleibt die Frage offen, warum Gott im Einzelfall so und nicht anders handelt.

Der Mensch ist als Kreatur eingebunden in den Kreislauf der Natur von Geburt und Tod. Naturereignisse treffen ihn wie alle anderen Lebewesen. Jedem ist ein eigenes Leben mit allen Höhen und Tiefen gegeben. Man nennt es Schicksal. Damit umschreibt man im Besonderen die Ereignisse, die der Verfügung des Menschen entzogen sind. Das Schicksal ist anonym. In aller Nüchternheit ist mit den Tatsachen im Leben umzugehen, die der Mensch nicht in der Hand hat und die er auch nicht ändern kann. Das ist die eine Seite des Lebens, das, was vorgegeben wird, ein Naturgrund, der eine Antwort herausfordert.

Ein solcher Gedanke steht zunächst im Widerspruch zu einem naturreligiösen Denken und im Besonderen auch gegen systematisch-theologische Überlegungen. Es könnte hilfreich sein, einmal die Erfahrungen eines frommen Bewusstseins zu analysieren. Wenn ein Christ sein Schicksal mit Gottes Willen verbindet, dann liegt darin nicht der Versuch, schicksalhafte Ereignisse ergründen zu wollen, wie sie ein rationales Denken verfolgt. Diese Frage nach dem Warum wird bei ihm aufgehoben durch das Vertrauen auf Gott, auch in dem dunklen Tal des Leides von ihm nicht verlassen zu sein. So gewinnt er auf seine Weise eine positive Einstellung zu seinem Schicksal und findet in Gott einen Ansprechpartner, von dem er Hilfe erwartet. Er bleibt nicht bei der Vergangenheit stehen, sondern seine Gedanken richten sich auf die Zukunft. Er sucht bei Gott nach einem Weg, der ihn in die Zukunft führt. Er nimmt damit sein Schicksal an als eine von Gott gegebene Fügung, ohne es damit schon verstehen zu können oder zu wollen. Ereignisse in der Natur und im persönlichen Leben weisen sich nicht durch sich selbst als Fügung aus. Erst die Deutung dieser Ereignisse durch den Glauben im Nachhinein lassen sie als Fügung erfahren. Es kommt also auf die eigene Einstellung an, sein Schicksal als etwas Gegebenes anzunehmen, es bewusst in den Zusammenhang des Lebens zu stellen und Folgerungen daraus zu ziehen. Gott ist nicht der Verursacher des Schicksals, sondern in diesem persönlichen Umgang mit dem Schicksal kommt Gott ins Spiel.

Jedenfalls ist das meine persönliche Erfahrung nach dem Tod meiner Frau, als unsere Kinder gerade 3 und 6 Jahre alt waren. Wie sollte ich das mit der Liebe Gottes zusammenbringen? Das war für mich einfach absurd. Aber Gott ließ mich nicht los. Ich fragte mich, wo ist Gott in meinem Schicksal zu finden? Mir kam dabei der Mythos des Sisyphos von Albert Camus in Erinnerung. Sisyphos muss nach der griechischen Sage als Strafe der Götter einen Stein einen Berg heraufwälzen, der dann immer wieder herunterrollt, wenn der Kamm des Berges erreicht ist. Ein absurdes Unternehmen. Die Sisyphosarbeit ist so sprichwörtlich geworden. Camus kommt zu dem Schluss: *„Der Kampf gegen Gipfel vermag ein Menschenherz zu erfüllen. Wir müssen uns Sisyphos als einen glücklichen Menschen vorstellen"* (S. 519). Für ihn findet das Leben seine Erfüllung in den Entscheidungen von Situation zu Situation. Jeden metaphysischen Trost lehnt er ab. Auch dem frommen Psalmisten scheint das Leben absurd zu sein: *„Unser Leben währet siebzig Jahre, und wenn es hoch kommt, sind es achtzig Jahre, und was daran köstlich scheint, ist doch nur vergebliche Mühe"* (Ps 90,10). Wie nahe steht er hier dem Atheisten Camus, aber er geht einen anderen Weg, indem er das Leben als einen Prozess des Wachsens und Reifens erlebt. Ein Prozess, in dem sich schon jetzt dem Frommen das Bleibende in allem Wechsel der Zeiten erschließt als ein neues und anderes Leben aus dem Geist, das zugleich dem naturgegebenen Leben Inhalt und Sinn vermittelt. So erschließt sich ihm ein unvergänglicher Kosmos des Geistes.

In dem Teufelskreis von Gedanken, die nur um das eigene Schicksal kreisten, war es wichtig, auf andere Gedanken zu kommen. Worte der Bibel und des Gesangbuches brachten mich nicht nur auf andere Gedanken, sondern in ihnen begegneten mir Gedanken anderer Menschen, die ähnlich betroffen waren und von ihren Erfahrungen erzählten. Rational ist man einfach täglich gefordert, sich auf die veränderten Lebensumstände einzustellen, emotional braucht es seine Zeit, das Gegebene zu verarbeiten. In diesem Zusammenhang habe ich den Sinn eines Trauerjahres begriffen als Zeit zur inneren Klärung. Eine wichtige Zeit, die auch in einer neuen Weise den Zugang zu biblischen Worten öffnete.

Mit dem Bekenntnis „es ist Gottes Wille" geht es im Kern also um einen Akt der Annahme des persönlichen Schicksals und nicht um eine allgemeine Deutung des Lebens. Das ist der entscheidende Punkt. Hier sind zwei Ebenen zu beachten. Die Annahme als Gottes Wille erwächst aus einer persönlichen Frömmigkeit. Nur in diesem Zusammenhang kann vom Willen Gottes gesprochen werden. Die Allmacht Gottes kann darum nicht veobjektiviert werden als allgemeine Aussage über Natur- und Weltgeschehen, unabhängig vom Bezug zum frommen Bewusstsein. Wenn man im Übrigen bedenkt, welche schweren seelischen Belastungen mit der Lehre von der Allmacht Gottes als Verursacher des Schicksals verbunden sind, die nicht wenige zur Verzweiflung an Gott und der Welt getrieben haben, dann wird es umso dringender, einer solchen Lehre von der Allmacht Gottes den Abschied zu geben. Dabei ist man in guter Gesellschaft. So hat Israel aus gutem Grund keine Lehre von den Eigenschaften Gottes entwickelt, sondern es erzählt seine Geschichte und seine Erfahrungen mit Gott. Zu solchen Erfahrungen gehört dann freilich, dass Schicksale Menschen bis ins Innerste erschüttern können, dass ihnen – wie man so sagt – alle Felle wegschwimmen. Man fällt förmlich in ein Loch. Aber zu solchen Erfahrungen gehört dann auch, in vorher nicht bekannter Weise in den Worten des Glaubens neues Vertrauen und Zuversicht gefunden zu haben, die einem Kraft gaben, zu gestalten, was zu gestalten ist, zu überwinden, was zu überwinden ist, und zu tragen, was zu tragen ist.

Die Allmacht Gottes ist als Geist des Lebens zu verstehen, personifiziert in Gott, gegenüber dem Geist des Verderbens, traditionell personifiziert im Teufel. Es ist die subjektive Macht des Geistes, die auch die Macht der objektiven Verhältnisse überwindet. Das Wort vom Glauben, der Berge versetzt, hat hier seine Wurzeln.

Der Mensch im Werden

Wenn man den Menschen unter dem Aspekt der Evolution betrachtet, dann ist der Mensch das unvollendete Wesen. Der Mensch ist auf Gemeinschaft angewiesen und für sie geschaffen. Der Altruismus ist ihm angeboren und nicht anerzogen. Er kann nur in der Gemeinschaft überleben, sodass er im eigenen Interesse der Gemeinschaft dienen muss. Altruismus und Egoismus schließen sich darum nicht aus, ja sie bedingen sich gegenseitig. Entsprechend konnte Augustin pointiert sagen: „Die wahre Eigenliebe ist die Nächstenliebe." In ähnlicher Richtung denken heute manche Forscher, die nicht mehr im Egoismus die Triebkraft der Evolution sehen als Kampf ums Dasein und Überleben des Stärkeren, sondern im Altruismus als Kooperationsbereitschaft, die ein wesentlicher Faktor in der Entwicklung des Menschen gewesen sei.

Der Bruch setzt dort ein, wo der Egoismus zur Egozentrik pervertiert, d.h. zu einem Leben auf Kosten anderer. Dieser „Sündenfall" – biblisch gesprochen – steht in engem Zusammenhang mit der dem Menschen verliehenen Freiheit. Solange Menschen täglich um das nackte Überleben kämpfen mussten, waren sie gemeinsam unter ein Joch gebunden. Sobald sie einen Freiraum gewannen, konnten sie im weitesten Sinne kulturschöpferisch tätig werden, aber auch Kriege und Revolutionen beherrschten fortan die Geschichte.

Es kommt also darauf an, dass Menschen auf einer bewussten Ebene erfassen, dass der Altruismus zu ihrem Wesen gehört und darum in aller Freiheit aus eigenem Interesse bejaht und praktiziert werden muss, weil alle aufeinander angewiesen sind. Appelle an die Moral richten nichts aus, sondern es muss die Einsicht gewonnen werden, diese Zusammenhänge zu erkennen und entsprechende Folgerungen zu ziehen. Das mag manchem als schöner Traum erscheinen. Aber Träume können auch eine starke Motivation schaffen, eine Zielvorstellung zu entwickeln und alle Kräfte im Rahmen der gegebenen Möglichkeiten einzusetzen. Ich erinnere an die Frage des früheren Pressesprechers Felix von Eckhardt, die er an den damaligen Bundeskanzler Konrad Adenauer richtete: „Ist die Politik der Wiedervereinigung nicht eigentlich eine Utopie?" Darauf Adenauer: „Lieber Herr von Eckhardt, denken sie einmal darüber nach, welche Bedeutung die Utopie in der Geschichte gehabt hat."

Es gibt Situationen, in denen sich dieses Eintreten füreinander geradezu von selbst versteht. Als im Schneewinter 1978 ganze Dörfer von der Außenwelt abgeschlossen waren, rückten die Menschen zusammen und halfen einander ein jeder nach seinen Möglichkeiten. Manche dachten später noch mit Wehmut an diese Zeit der Gemeinsamkeit zurück. Heute sind wir weltweit gefordert, zusammenzurücken angesichts des Klimawandels und der gerechten Verteilung der Güter dieser Welt.

Aber auch hier spüren wir, wie die Egozentrik von Menschen und Völkern weithin das Leben bestimmen. So bleibt von alters her die Aufgabe, Menschen dahin zu führen, mit der Freiheit verantwortungsvoll umzugehen. Sicher haben zu allen Zeiten Einzelne sich dieser Aufgabe gestellt und sind zum Segen und Vorbild für viele geworden. Aber in der Masse sind sie noch nicht das, was sie sein sollen und sein können.

Die christliche Kirche hat im 4. Jahrhundert die Kardinaltugenden der griechischen Philosophen übernommen: Gerechtigkeit, Tapferkeit, wir würden heute eher an Zivilcourage denken, Weisheit und Mäßigung. Es wurden dann die spezifisch christlichen Tugenden: Glaube/Vertrauen, Hoffnung und Liebe hinzugefügt zur bekannten Siebenzahl. Der Begriff Kardinaltugenden kommt vom lateinischen cardo, Dreh- und Angelpunkt. Um diese Tugenden dreht sich unser Leben. Auf sie kommt es an, wenn das Leben für den Einzelnen wie für die Gemeinschaft gelingen soll. Heute werden die Kardinaltugenden eher abwertend als konservativ und moralisierend verstanden. Die Griechen verbanden damit das Ideal der (Selbst-)Erziehung hin zu einer für das Gemeinwesen brauchbaren Persönlichkeit. Diese Tugenden dienen also nicht nur dem persönlichen Leben, sondern nicht minder dem Leben in Gesellschaft und Staat.

Tugenden kann man nicht durch moralische Appelle vermitteln, sondern sie müssen im Menschen selbst geweckt werden, dass er sie verinnerlicht. Das kann man nicht machen, sondern Tugenden müssen wachsen und reifen in innerer Beziehung zu ihren Wurzeln. Diese Beziehung findet Israel in Gott, der ihnen die Thora gegeben hat. Das Studium der Thora wird dadurch zu einem Dialog. Darin liegt ein heilsamer Schutz vor Selbstherrlichkeit und Überheblichkeit, die man nicht selten bei Moralisten findet. Der Prophet Micha gibt eine eigene Zusammenfassung der Tugenden mit den Worten: *„Es ist dir gesagt, Mensch, was gut ist und was der Herr von dir fordert, nämlich Gottes Wort halten, Liebe üben und demütig sein vor deinem Gott" (Micha 6,8).* Damit sagt er deutlich, dass drei Dinge zusammengehören: Gottes Wort, Liebe und Demut. In der Demut vor Gott weiß der Mensch um seine Grenzen. In diesem Sinne ist die Demut auch heute zu den Tugenden zu zählen.

Jeder wird seine Gaben und Fähigkeiten in das gemeinsame Leben einbringen müssen. Er wird auch in manchen Fällen seine eigenen Interessen und Wünsche zurückzustellen haben. Das alles erfordert eine starke innere Kraft des Geistes und der Seele. Im Volksmund heißt es: „Sage mir, mit wem du umgehst, und ich sage dir, wer du bist." Unser Umgang und unser Umfeld prägen uns im Guten wie im Bösen. Es kommt also darauf an, einen Raum zu finden, in dem die Inhalte und Kräfte vermittelt werden, die den Menschen gemeinschaftsfähig machen.

Der Christ findet diesen Raum in der Gemeinde unter dem biblischen Wort. Dort liegt für ihn die Quelle des Geistes, der ihn ermutigt und stärkt, den Weg der Weisungen Gottes zu gehen. Zugleich liegt darin Unabhängigkeit und Freiheit von dem, was andere propagieren und verheißen in Weltanschauungen und Ideologien. Eine innere Unabhängigkeit ist von tragender Bedeutung für das Leben in einer freien demokratischen Gesellschaft. Zur Freiheit gehört nicht nur die gesetzlich geschützte Freiheit in einem Gemeinwesen, so wichtig sie ist. Vor allem muss der Mensch zur inneren Freiheit finden von der Sorge um das eigene Ich. Hier setzt das Evangelium Jesu ein.

Am Anfang der Verkündigung Jesu steht der Ruf zur Buße, zur Umkehr. Der Mensch wird aufgefordert, seine Lebenseinstellung und seine Lebensziele kritisch zu hinterfragen und nach einem Leben zu suchen, das allen Menschen gemeinsam gerecht wird und den Menschen den werden lässt, der er seiner Bestimmung nach sein soll. Buße will in einem positiven Sinne aufgenommen werden als Ruf und Einladung zu einem neuem Leben. Das ist nicht ein Akt einmaliger Entscheidung, sondern ein lebenslanger Prozess, in dem immer neu um die Verwirklichung dieses Weges gerungen werden muss. Entscheidend ist, dass Jesus nicht nur diese Forderung stellt, sondern dass er die Menschen mitnimmt auf diesen Weg durch seine Worte und sein Leben in der Kraft des Geistes.

Im Evangelium des Johannes (8,36) heißt es: *„So euch der Sohn frei macht, so seid ihr wirklich frei."* Paulus schreibt den Galatern (Gal 5,1): *„Zur Freiheit hat uns Christus befreit! So steht nun fest."* Das Werk Jesu liegt in einem Befreiungsakt, in der Erlösung des Menschen von der Egozentrik. Damit wird die natürliche Sorge um das eigene Leben nicht diskriminiert. Wenn Jesus das alte Gebot aufnimmt, *„du sollst deinen Nächsten lieben wie dich selbst"* *(Mt 19,19),* dann ist damit die Sorge um das eigene Leben vorausgesetzt als Maßstab für den

Umgang mit dem Nächsten. Aber, das ist der springende Punkt, die Sorge um das eigene Leben darf nicht auf Kosten des Lebens anderer gehen, sondern der Nächste ist in alle Überlegungen mit einzubeziehen.

Die Selbstsucht steht dem Leben des Menschen entgegen, das auf Gemeinschaft angewiesen ist. Die Befreiung von der Egozentrik dürfte das schwierigste Kapitel einer Befreiungsgeschichte sein. Menschen können dieser Herausforderung nicht ausweichen, wenn sie eine Zukunft haben wollen. So kommt es entscheidend darauf an, aus dem „Ego-Tunnel" herauszutreten. Mit der Überwindung der Egozentrik wird der Mensch erst frei, sich dem Nächsten zuzuwenden. Es ist interessant, dass der Psychiater Arthur Deikmann aus seiner Sicht in eine ähnliche Richtung weist, wenn er zur Überwindung des selbstsüchtigen Verhaltens den effektivsten Weg im Dienen sieht.

Jesus befreit die Menschen, indem er ihnen einfach seine Gemeinschaft anbietet. Er geht auf sie zu ohne Ansehen der Person, ohne Vorwürfe. Er geht auf ihre Sorgen und Nöte ein. So löst er Menschen aus ihrer Isolierung und gibt ihnen das Gefühl, beachtet und angenommen zu sein. Sie erfahren in ihm eine liebende Zuwendung, die ihnen durch seine Worte und sein Verhalten zum Gleichnis und Erlebnis der Liebe Gottes werden. Jesu Gleichnis vom „verlorenen Sohn", vom Vater, der auf seinen verlorenen Sohn wartet und ihn trotz seines Versagens mit Freuden aufnimmt (Lk 15,11 ff.), will die Menschen aus sich herauslocken und ihnen Mut machen, auf Gott zuzugehen. *„Da machte er sich auf und kam zu seinem Vater. Als er aber noch weit entfernt war, sah ihn sein Vater, und es jammerte ihn, lief und fiel ihm um den Hals und küsste ihn" (Lk 15,20).* Wer solche Geschichten erzählt, schafft ein Klima des Vertrauens, das Menschen dazu bewegen kann, sich selbst loszulassen und sich dem Boten der Guten Nachricht zu öffnen.

Im Leben gehören zwei Dinge zusammen. Auf der einen Seite das Planen und auf der anderen Seite ein Vertrauen. Planung gehört sowohl zum persönlichen Leben wie zu Beruf, Wirtschaft und Gesellschaft. Aber ein altes einfaches Wort aus dem Volksmund behält seine Gültigkeit: „Der Mensch denkt, Gott lenkt." Man muss bei allen Überlegungen bedenken, dass Leben immer auch Unwägbarkeiten einschließt, die sich jeder Kalkulation entziehen. Manches kann einfach anders kommen, als man denkt. Die Zukunft ist immer offen. Im Vertrauen liegt die Offenheit für Führungen und Fügungen, die man selbst nicht in der Hand hat. Vertrauen schenkt eine innere Gelassenheit im Umgang mit den Wechselfällen des Lebens.

Jesus hat die Gabe, Menschen in ihren verborgenen Gedanken und Ängsten zu erkennen. Er kann sie ihnen nicht abnehmen, aber er will ihnen ein Helfer sein, damit umzugehen und sie zu überwinden: *„Sorgt nicht für morgen, denn der morgige Tag wird für das Seine sorgen. Es ist genug, dass jeder Tag seine eigene Plage hat" (Mt 6,34).* Hinter diesem Wort steht eine große Weisheit. Die eigenen Kräfte reichen immer nur für die Last eines Tages. Die Gedanken können alles zusammentragen, was noch kommen könnte. Das wird dann zur drückenden Last, die daran hindert, alle Kräfte ganz auf die Aufgabe des Tages zu konzentrieren. Jesus ermutigt, darauf zu vertrauen, auch am kommenden Tag die nötige Kraft und Hilfen zu finden, um den Anforderungen gewachsen zu sein. Er öffnet Perspektiven, die innere Ruhelosigkeit zu überwinden durch seine Nähe: *„Meinen Frieden gebe ich euch. Euer Herz erschrecke nicht und fürchte sich nicht" (Joh 14,27).* So kann Augustin sagen: „Unruhig ist unser Herz, bis es Ruhe findet in dir, Herr."

„Man sieht nur mit dem Herzen gut", sagt der kleine Prinz bei Saint-Exupéry. Das trifft auf Jesus zu. In seiner Liebe löst er den Menschen aus seinen inneren Fesseln und lässt ihn zu sich selbst kommen in Gottvertrauen und Selbstvertrauen. Er kann zu einer in sich ruhenden und gefestigten Persönlichkeit heranreifen. Darin liegt eine wesentliche Frucht des christlichen Glaubens.

Fehlentwicklungen

Die Aufklärung hat diesem humanitären Ansatz wesentliche Impulse gegeben durch die Ausweitung auf das gesellschaftliche Umfeld mit der Forderung nach religiöser Toleranz, verbunden mit der bürgerlichen Gleichstellung der Juden. Weiter die Forderung nach Abschaffung der Folter und nach humanem Strafvollzug, nach Hebung der allgemeinen Volksbildung und bürgerlicher Mitbestimmung im Staat. Aber die Aufklärung hat sich auch von vornherein verbunden mit dem rasanten wissenschaftlichen und technischen Fortschritt. Effektivität und Funktionalität werden zu bestimmenden Faktoren. Die humanitäre Komponente wird dadurch an den Rand gerückt. Die Vernunft wird zunehmend instrumentalisiert zum reibungslosen Funktionieren der Gesellschaft. Der Mensch muss nur noch funktionieren. Der Freiraum eigener Verantwortung oder Entscheidung wird bis in den privaten Raum hinein eingeengt. Vertrauen, ein Grundelement menschlichen Zusammenlebens, weicht mehr und mehr aus dem öffentlichen Bereich. Ohne Vertrauen ist aber ein Leben in der Gemeinschaft auf Dauer nicht möglich. Hier drohen Gefahren für die Gesellschaft. Adorno und Horkheimer sehen hierin einen Umschlag der Aufklärung in ein positivistisches Denken. Das Recht und die Würde des Einzelnen, ein ursprüngliches Anliegen der Aufklärung, gehen verloren.

Dieses Denken beherrscht auch weithin die Diskussion um Strukturreformen in der Gesellschaft und Kirche. Unabhängig von allen Strukturen kommt es jedoch immer auf jeden einzelnen Menschen an, der in diesen Strukturen lebt und mit ihnen umgeht. Richard Schröder hat im Rahmen der Schönhauser Gespräche 1995 S. 38 dazu in einem Referat über die

Tugendlehre ausgeführt: „Es gibt Einwände gegen ethische Orientierung in Gestalt einer Tugendlehre. Einer dieser Einwände lautet, salopp formuliert: So bleibt die Ethik individualistisch, am Individuum wird herumgebastelt, obwohl doch die Gesellschaft verändert werden muss. Ich möchte die Gegenfrage stellen: durch wen bitte? Es kann keine gerechten Verhältnisse geben ohne Menschen, die selbst gerecht sein wollen."

Das gilt auch für die Wirtschaft. Es wäre ein weites Feld, der Stellung des Menschen in der Wirtschaft nachzugehen. Man braucht nur auf den steigenden Leistungsdruck, auf Mobbing und die wachsende Anzahl der psychischen Erkrankungen zu verweisen, um bloß drei deutliche Problemanzeigen zu benennen.

Auch das Gesundheitswesen wird von den Gedanken der Rationalität und Effektivität beherrscht. Im Ergebnis führt es dazu, dass vor allem die Apparatemedizin gefördert wird, während die Zeit des Gesprächs und der persönlichen Zuwendung zum Patienten nicht honoriert wird. Der Mensch wird zu einem „Fall", zu einem Objekt. Pointiert hat das eine Patientin in die Worte gefasst: „Es kommen so viele Menschen ins Zimmer zu unterschiedlichen Verrichtungen, aber niemand hat Zeit, sich einmal für 5 Minuten auf meine Bettkante zu setzen."

Für die Forschung hat sich inzwischen erwiesen, dass die persönliche Einbeziehung des Patienten in das Behandlungskonzept unverzichtbar ist. An der Universität München ist 2010 der erste Lehrstuhl für „Spiritual Care" eingerichtet worden. Forschung und Lehre richten den Blick auf die individuelle Situation des kranken Menschen. Sie gehen davon aus, dass jedem Menschen religiöse und spirituelle Anlagen gegeben sind, die geweckt werden wollen. Der künftige Arzt soll ein Gespür für die geistigen und seelischen Kräfte eines Menschen gewinnen und sie aktivieren als wichtigen Teil der Therapie. Von alten Hausärzten habe ich häufig gehört, sie seien bei ihren Patienten oft mehr Seelsorger als Arzt. Das war für sie selbstverständlich, heute muss das offenbar wieder gelernt werden.

Eine andere Gefahr liegt in der Förderung der Apparatemedizin, sodass die Ausnutzung der Apparate Vorrang gewinnt vor dem Interesse des Patienten. Zum anderen ist die Versuchung groß, alle medizinischen Möglichkeiten auszuschöpfen, die Leben verlängern können. Mit Recht wird hier gefordert, die Palliativmedizin nicht nur am Ende einzuschalten. Es gilt den Satz der Begründerin der Hospizbewegung Cicely Saunders zu bedenken: „Nicht dem Leben mehr Tage, sondern den Tagen mehr Leben zu geben." Auch Patienten sollten bedenken, dass ein Leben nicht an der Länge hängt, sondern an der Zeit, in der das Leben noch mit Inhalt gefüllt werden kann.

Diese Entwicklung auf dem medizinischen Sektor zeigt unmissverständlich, wohin ein Leben führt, das nur von einem rationalen Denken bestimmt ist. Der Mensch wird nur von seinen Gliedern und Organen her wahrgenommen. Mit seinen Gefühlen, Gedanken, Ängsten und Hoffnungen wird er allein gelassen.

Der Mensch im Werden, das ist verbunden mit einer langen Zeit für Wachstum und Reife, sowohl für die körperliche wie die geistige Entwicklung. Wenn man unter diesem Gesichtspunkt die gegenwärtige Bildungspolitik betrachtet, dann fällt auf, wie stark im Augenblick die sogenannten MINT Fächer (Mathematik, Informatik, Naturwissenschaft und Technik) eine starke Lobby haben. Mit diesen Fächern wird der Unterricht allein dem Prinzip der Zweckmäßigkeit unterworfen und dem Leistungsprinzip, das durch die Pisa-Studie noch verschärft wird. Auf diesem Wege bleibt kein Freiraum für eine geistige Entwicklung und Entfaltung. Der Schüler wird auf Fachkompetenz trainiert, aber es bleibt kein offener Raum, seine eigenen Gaben und Fähigkeiten zu entdecken und zu entwickeln. Um das zu erreichen, muss der Lernstoff reduziert werden: Weniger ist hier mehr, weil der Stoff nicht einzupauken ist, sondern er muss angeeignet werden durch die Förderung der Denkfähigkeit und Ausbildung der eigenständigen Urteilskraft. Nur so gewinnen junge Menschen Selbstständigkeit, damit sie nicht kritiklos allen Dingen und Meinungen ausgeliefert sind. Für die eigene Urteilsbildung ist es einfach wichtig, auch die eigene Zeit im Zusammenhang der geschichtlichen Entwicklung und Kultur verstehen zu können. Man muss etwas wissen über die Behandlung der Lebensfragen in der Religion, der Literatur und Philosophie. Kunsterziehung und Musik können schöpferische Kräfte in den Schülern wecken. Gerade dadurch werden innovative Kräfte gestärkt, die für das Leben in Gesellschaft und Wirtschaft so ungemein wichtig sind. Im Ergebnis kommt es darauf an, dass der Mensch sich zur Persönlichkeit entwickeln kann, eine Entwicklung, die mit der Schule natürlich nicht abgeschlossen ist, aber zumindest den Einstieg liefert. Keine Sklaven wirtschaftlicher Zwänge, sondern freie mündige Bürger, die auch der Wirtschaft am besten bekommen. Die einseitige Ausrichtung des Denkens in den Kategorien der Zweckmäßigkeit und Effektivität nimmt dem Leben seine Seele und macht es kalt und seelenlos.

Alle Versuche revolutionärer Bewegungen, einen neuen Menschen zu schaffen, sind gescheitert. Tiziano Terzani, der langjährige Korrespondent des „Spiegels" in Vietnam und China, hat diese Zusammenhänge auf den Punkt gebracht. Er hat sich intensiv mit der Geschichte dieser Länder beschäftigt. Er verstand die Ziele der Revolutionen in beiden Ländern und bejahte sie. Umso größer war seine Enttäuschung, als er aus eigenem Erleben sah, was aus allen guten Vorsätzen geworden war.

Sein Ergebnis ist, dass alle Revolutionen nichts bringen. Es wiederholt sich alles unter neuen Vorzeichen, weil der Mensch sich nicht ändert. Für ihn ist die einzige Revolution, die etwas bringt, die in einem selbst stattfindet. Wenn der Mensch keinen Qualitätssprung schafft, dann bleibt alles beim Alten in alle Ewigkeit. Die Bibel spricht hier von Buße, die zukunftsorientiert auf einen neuen Menschen hin lebt, von dem der Apostel sagt: *„Ist jemand in Christo, so ist er eine neue Kreatur" (2. Kor 5,17)*. Buße als Qualitätssprung weist allen Fortschrittsglauben in seine Schranken – so bitter die Einsicht ist –, dass der Mensch nicht aus eigener Kraft das Goldene Zeitalter schaffen kann. Er ist darauf angewiesen, dass etwas mit ihm geschieht. Er ist der Empfangende. Aber er muss den Willen haben, sich auf Gott als Geist des Lebens einzulassen. Er braucht eine Gemeinschaft, in der dieser Glaube aus dem biblischen Wort gelebt wird und in der eine Offenheit der Gedanken und des Gesprächs herrscht. In solcher Offenheit kann es geschehen, dass er vom Geist Gottes erleuchtet wird, der sein Leben verändert.

Auch die Kirche ist nicht ausgenommen vom allgemeinen Denken in Strukturen. In der Gegenwart lässt sie sich von der Betriebswirtschaftslehre beraten. Kritisch bemerkt dazu Christoph Meyns, dass die Kirche nach ihrem Wesen und Auftrag von betriebswirtschaftlichem Denken grundsätzlich zu unterscheiden ist. In der Betriebwirtschaft geht es um Effektivität, in der Kirche um Kommunikation. Das eigentliche Problem liegt nicht in Organisationsfragen, sondern in einer geistlichen Orientierungskrise. Die Kirche ist eben kein hierarchisches Unternehmen mit einer Konzernspitze und vielen Filialen, sondern ein Netzwerk und eine Flächenorganisation. Die Kirche hat ihre Wurzeln in der Gemeinschaft derer, die sich unter Wort, Gebet und Tischgemeinschaft versammeln. Das sind die Zellen, aus denen eine Kirche lebt und aus denen sie sich erneuern kann. Dort liegt ihre Zukunft. Sie kann kein „Leuchtfeuer" sein ohne die Christen, die nach dem Wort Jesu „Licht der Welt" sind. Ein gelebter Glaube hat eine Ausstrahlungskraft, wie es von den Gemeinden der Urkirche heißt: „Da man ihre Liebe sah, glaubte man ihnen."

Kritisch muss man bedenken, dass auch die Religionen in

ihrer bisherigen Geschichte keinen neuen Menschen geschaffen haben. Auch sie sind auf Gott angewiesen, dass er Menschen verändert. Ihre Geschichte ist ambivalent. Sie haben viel Segensreiches gestiftet, aber sie sind auch vielen Irrtümern verfallen. Mit den Religionen ist bis in die Gegenwart hinein auch unendliches Leid verbunden, das sie über Menschen und Völker gebracht haben. Wie kann man damit umgehen?

Wer erfahren hat, was ihm der Glaube im Leben gegeben hat – und mit dieser Erfahrung steht er wahrlich nicht allein –, der ist auch erfüllt vom Wunsch, andere an solch guten Erfahrungen teilhaben zu lassen. Diesen Glauben verdankt er der Kirche, die den Glauben überliefert hat. Zu dieser Kirche bekennt er sich und möchte ihren reichen Schatz an andere weitergeben. Das Heil eines Lebens im Dialog mit dem biblischen Wort ist Angebot und Verheißung zugleich. Auf meine Frage an einen Arzt, was er von der Naturheilkunde halte, antwortete er mir, das Problem liege bei den Menschen. Die Wirkung der Naturheilkunde hänge daran, dass die Menschen selbst gefordert würden, etwa ihre Ernährung oder ihren Lebensstil umzustellen. Dazu seien aber die wenigsten bereit oder fähig. Genau darum geht es auch bei der Heilkunde des Wortes, dass Menschen sich auf das Wort einlassen und ihr Leben an diesem Wort ausrichten. Das sind auch hier immer nur wenige. Das Judentum bekennt sich ausdrücklich zu seinem Status als Minderheit. Auch Jesus spricht seine Jünger auf diesen Status an, wenn er ihnen sagt: *„Ihr seid das Salz der Erde und das Licht der Welt" (Mt 5,13 f.).* In den Begriffen „Salz" und „Licht" ist deutlich angesprochen, dass es ihm nicht um ein Getto geht, in das sich seinen Anhänger zurückziehen, sondern sie sollen als aktive Minderheit durch ihr Sein und Leben eine Gesellschaft durchdringen. Es ist also kein Loblied auf die kleine Zahl, aber es soll uns eine innere Unabhängigkeit von der Zahl vermitteln. Zur aktiven Minderheit gehört aber auch, dass sie nicht mit staatlicher Macht verbunden ist. Nur so wahrt sie innere Unabhängigkeit und kann innovative Kräfte für das Gemeinwesen entwickeln. Das Judentum wie die Alte Kirche in den ersten drei Jahrhunderten bezeugen diese Kraft der Minderheit.

In allen Religionen kommt es darauf an, dass allen der freie Zugang zu den ursprünglichen religiösen Quellen erschlossen wird, die von Gottes schöpferischem Geist beseelt sind. Die Religionen müssen lernen, zwischen den ewig gültigen und den zeitgebundenen Aussagen ihrer Schriften zu unterscheiden. Dazu gehört ein offener und freier Austausch der Gedanken, der keine Vorgaben kennt. In solcher Offenheit wird man entdecken, wie viel den Religionen gemeinsam gegeben ist. Für die religiösen Institutionen heißt das allerdings, die eigenen Mittel in den Dienst dieser Aufgabe zu stellen und auf Macht und Bevormundung zu verzichten, die bis zur Indoktrination führen kann.

Verantwortung

Mit der Freiheit des Menschen ist untrennbar die Verantwortung für sein Leben verbunden. Er hat die Folgen seines Handelns zu tragen. Die Verkündigung Jesu ruft den Menschen in eine personale Verantwortung. Das heißt, der Mensch ist nicht an die Buchstaben eines Gesetzes gebunden, sondern er hat im Sinne des Gesetzes den Einzelfall zu würdigen. In seinem Gewissen hat er die verschiedenen Gesichtspunkte für sich zu beurteilen und zu entscheiden. Da dieser Entscheidung als normative Voraussetzung die kulturelle Tradition und ihre Werte zugrunde liegen, ist es für eine Kulturgemeinschaft unerlässlich, wenn sie überleben will, dass sie sich ständig ihrer Quellen vergewissert und sie ins allgemeine Bewusstsein ruft. Die Quellen unserer Kultur liegen in Antike und Christentum. In diesen Quellen ruhen die Grundwerte einer jeden freiheitlichen Verfassung wie die Achtung der Menschenwürde, die persönliche Freiheit und die soziale Gerechtigkeit.

Im Lauf der Geschichte hat die Menschheit phänomenale Fortschritte auf dem Gebiet der Wissenschaft und Technik durchlaufen. Anders verhält es sich mit den Kulturwerten. Ergebnisse von Forschung und Technik können von einer Generation auf die andere übertragen werden, die darauf aufbaut. Ein kulturelles Erbe muss von jedem Menschen und jeder Generation neu eingeübt werden. Die Gesellschaftskritik der Propheten Israels führt uns anschaulich vor Augen, wie die Menschheit sich in ihrem Grundverhalten auch in 3000 Jahren nicht verändert hat. So liest man bei Jesaja (5,7 f.): *„Gott wartete auf Rechtsspruch, siehe, da war Rechtsbruch, auf Gerechtigkeit, siehe, da war Geschrei über Schlechtigkeit. Weh* *denen, die ein Haus zum anderen bringen und einen Acker an den anderen rücken, bis kein Raum mehr da ist und sie allein das Land besitzen."* Amos (8,5) richtet seine Worte gegen die Getreidehändler, die *„das Maß verringern und den Preis steigern und die Waage fälschen".*

Die Gesellschaftskritik der Propheten könnte mit anderen Worten auf unsere Gegenwart gemünzt sein. So nahe sind die Zeiten einander bei allen Veränderungen der äußeren Verhältnisse. Aber darin liegt auch eine positive Seite. Es kann uns kritisch gegen uns selbst stimmen, dass wir nicht über den Sittenverfall in der Gegenwart klagen und dem Kulturpessimismus verfallen, sondern nüchtern sehen, dass es zu allen Zeiten darum geht, für sich selbst den rechten Pfad des Lebens zu finden und in der Gesellschaft für Recht und Gerechtigkeit einzutreten. So müssen wir Menschen uns durch die Jahrtausende in jeder Generation auf das zentrale Thema ansprechen lassen, dass wir uns einüben in ein soziales Verhalten.

Die Bibel ist dabei als Bildungsbuch für den Menschen heute so aktuell wie vor hundert oder tausend Jahren; denn die biblischen Weisungen stehen immer noch als Aufgabe vor jedem neuen Zeitalter. Sie ist ein Buch zur Einübung in ein gemeinschaftsgerechtes Verhalten.

Im Grunde sind die 2000 Jahre des Christentums ein verschwindend kleiner Zeitraum im Blick auf die Geschichte der Evolution. Man kann darum nicht resigniert sagen, die Menschen sind so, wie sie sind, es ändert sich nichts. Sondern umgekehrt ist von einer Perspektive auszugehen, die sich im Zuge der Evolution vollziehen kann, etwa im Sinne der messianischen Erwartung im liberalen Judentum als Symbol einer Zukunft, in der die ganze Menschheit brüderlich vereint leben wird. Menschen brauchen solche inneren Bilder, die eine gestaltende Kraft haben. Wer die Hoffnung aufgibt, gibt auch das Leben auf. Ein Leben ohne Hoffnung würde alle Errungenschaften der Kultur und Zivilisation zerstören. So kann die

Hoffnung zumindest eine Kraft sein, den zerstörerischen Kräften zu wehren.

Nun kann man einwenden, solche Bilder etwa vom Goldenen Zeitalter oder vom Reich der Vernunft hätten am Ende doch immer nur Enttäuschungen gebracht. Es ist aber auffallend, dass die messianische Erwartung des Judentums bis heute lebendig ist. Offenbar hängt das damit zusammen, dass hier der Erwartungshorizont in enger Verbindung mit dem eigenen Verhalten steht, indem dieses Reich in einem Zusammenhang mit den Geboten Jahwes gesehen wird, die schon jetzt erfüllt sein wollen. Der Weg ist zugleich das Ziel.

So sollte man nicht nur von den Menschen sprechen, die nichts dazugelernt haben. Vielmehr sollte man sich all der unzähligen Menschen erinnern, die in Hingabe und Treue, bewusst oder unbewusst nach den Weisungen Gottes zu leben, sich ehrlich gemüht haben. Darin liegt ein Hoffnungspotenzial, das auch eine allgemeine Resignation und Verbitterung überwindet. Dennoch bleibt die erschütternde Erfahrung von unendlicher Grausamkeit, Kriegen und Zerstörungen, die Menschen einander in offensichtlicher Besessenheit des Bösen angetan haben und noch tun.

Der Mensch ist frei, aber es ist keine absolute Freiheit. Er ist eingebunden in die von der Natur vorgegebenen Ordnungen sowie in sein kulturelles und gesellschaftliches Umfeld. In dieser Bindung hat er seine Freiheit zu verantworten und die Folgen zu tragen. In der Verantwortung vor Gott folgt er den durch die religiöse und kulturelle Tradition ausgebildeten Grundwerten des Lebens. Sicher sind diese Werte weiter zu entfalten im Blick auf veränderte Lebensbedingungen, die neue Tatbestände schaffen. Aber auch dann bleibt die Verpflichtung gegenüber den Grundwerten. Wird diese Tradition ignoriert oder durch Ideologien ersetzt, dann wird der Mensch zum Sklaven politischer Ideen und das Unheil nimmt seinen Lauf. Dann tritt die ganze zerstörerische Kraft ans Licht, die in der Missachtung von Grundwerten liegt. Dies erinnert an Kants Wort vom radikal Bösen, das den Menschen von der Wurzel her erfasst, das Böse, wie wir es im abgründigen Verhalten von Sadismus, Folter und Unterdrückung finden ebenso wie in totalitären Regimes, terroristischen Aktionen, fundamentalistischen Auffassungen und Selbstmordanschlägen. Es ist darum keine leere Formel, wenn in den Präambeln von Verfassungen die Verantwortung vor Gott als Voraussetzung für alle politischen Entscheidungen festgeschrieben wird. Damit ist kein religiöses Bekenntnis gemeint. Gott steht in diesem Zusammenhang als Inbegriff der Werte, die eine Kulturgemeinschaft unabhängig von religiöser Einstellung verbinden. Denn diese Werte haben sich in einer langen Tradition herausgebildet und im politischen sowie gesellschaftlichen Leben bewährt. Sie sind Allgemeingut geworden.

Das Böse ergreift nicht nur den politischen Raum, sondern auch die Religion ist ihm dort verfallen, wo sie mit Gewalt Menschen zu ihrem Glauben zwingen will. Nicht wenige ziehen daraus den Schluss, dass man auf Religion total verzichten sollte. Sie verkennen dabei, dass Religion zum Menschen gehört. Darum bleibt der Platz, den Religionen eingenommen haben, nie leer. Weltanschauungen und Ideologien füllen ihn aus, die wahrlich nicht weniger Unheil über die Welt gebracht haben als die Religionen mit ihren Religionskriegen, Kreuzzügen, Inquisitionen und terroristischen Anschlägen. Das ist für die Religionen keine Entschuldigung, aber es nimmt den Kritikern den Wind aus den Segeln, als ob ohne Religion Frieden auf Erden wäre. Der Schuldige ist immer der Mensch, der in den religiösen oder staatlichen Institutionen Macht und Auftrag missbraucht. Es kann freilich nicht oft genug wiederholt werden, dass ein wahrer Glaube keinen anderen Zwang kennt als den inneren Zwang seiner Gründe. Wer von Gott spricht, muss sich zur Liebe Gottes bekennen, die um den Menschen wirbt, und zur Toleranz Gottes, die dem Menschen seine Freiheit lässt.

Der Mensch ist weder gut noch böse. So kann er sich in die eine oder andere Richtung entwickeln. Es kommen hier viele Faktoren zusammen, die ein Leben bestimmen, angefangen bei den Erbanlagen über das Elternhaus bis hin zu den vielen Miterziehern in der Gesellschaft. Alle bewusste Erziehung und Selbsterziehung muss die Bildung des Menschen zum Ziel haben, dass er selbstständig in innerer Unabhängigkeit und mit kritischem Unterscheidungsvermögen gegenüber den jeweils geistigen Strömungen sein Leben führen kann. So mahnt der Apostel: *„Prüft alles und das Gute behaltet"* (1. Thess 5,21).

Sünde und Schuld

Es ist schon für die biblischen Schriftsteller eine Anfechtung gewesen, in dieser von Gott bestimmten Welt ein solches Ausmaß des Bösen zu finden. So versuchen sie, eine Erklärung für die Ursprünge des Bösen zu finden, in der sogenannten Geschichte vom Sündenfall (1. Mose 3). Adam und Eva stehen hier stellvertretend für das Menschengeschlecht. Mit dem Gebot, nicht von dem „Baum der Erkenntnis" zu essen, sind dem Menschen Grenzen gesetzt, die er nur zu seinem Schaden überschreiten kann. Doch die Versuchung ist groß, wie es in der Stimme der Schlange zu hören ist: *„Dann werdet ihr sein wie Gott und wissen, was gut und böse ist" (1. Mose 3,5).* Das Verbotene übt einen besonderen Reiz aus. Hier geht es aber nicht um eine Einzelentscheidung, sondern um eine Grundentscheidung für oder gegen Gott: biblisch gesprochen, Gott gleich sein zu wollen, um damit eine absolute Autonomie für sich selbst zu beanspruchen, wie es am krassesten die Diktatoren zu allen Zeiten getan haben. Das ist Sünde. Es kann nicht oft genug gesagt werden, dass die Sünde ein theologischer Begriff ist, der von Schuld zu unterscheiden ist.

Der Kirchenvater Augustin (gest. 430) hat aus der Geschichte vom „Sündenfall" die Lehre von der Erbsünde entwickelt, die durch ihn zum Dogma in der Kirche wurde. Die Alte Kirche und das Judentum kennen diese Lehre nicht. Wer sich zur Bibel als Grundlage des Glaubens bekennt, sollte die Lehre von der Erbsünde endgültig verabschieden. Das positive Bild vom Menschen als Ebenbild Gottes wird geradezu ins Negative verkehrt, wenn die Sünde als Schuld zu einem Wesensmerkmal des natürlichen Menschen erklärt wird.

Im Jahr 381 wurde die Kirche auch offiziell Staatskirche.

Nun wurden die Heiden praktisch gezwungen, Mitglied der Kirche zu werden. Aber damit waren sie noch keine Christen. Das brauchte eine lange Zeit. Heidnische Riten lebten fort. Die negative Qualifikation des Menschen zwang ihn in eine Abhängigkeit von der Kirche, die allein die Gnadengaben verwaltete. Die Beichte hat ihren positiven Sinn als seelsorgerliche Zuwendung. Mit der Einführung der Beichtpflicht wurde sie zum Instrument der Herrschaft über die Menschen. Das hatte verhängnisvolle Folgen. Der Mensch wurde nicht mehr auf seine Freiheit angesprochen, sondern auf seine Schuld. Die 10 Gebote wurden ihm als Sündenspiegel vorgehalten, in denen er sein Versagen und seine Schuld erkennen sollte. Damit wurde der ursprüngliche Sinn der Gebote ins Gegenteil verkehrt. Sie wollen nichts anderes, als den Menschen positiv den Weg aufzuzeigen, auf dem das gemeinsame Leben in Freiheit gelingen kann. Sicher liegt in der Freiheit die Möglichkeit, sein Leben zu verfehlen. Das ist aber nicht zwingend. Entsprechend der Lehre von der Erbsünde wurde auch die Gemeinschaft des Menschen mit Gott als eine Rechtsgemeinschaft verstanden, in der die Schuld des Menschen und die Vergebung durch Gott ins Zentrum traten.

Eine Verallgemeinerung der Schuldzuweisung macht die Schuld entweder zur Bagatelle oder zur Höllenqual. Darin liegt die fatale Tendenz, den Menschen seiner Würde und Freiheit zu berauben. Im Ergebnis hat diese Lehre wesentlich dazu beigetragen, die frohe Botschaft des Evangeliums zu verfinstern und viele Christen mit Schuldgefühlen zu belasten bis hin zu Schuldkomplexen. Der Mensch wird im Evangelium Jesu positiv angesprochen, seine ihm verliehenen Gaben und Fähigkeiten einzusetzen, mit „seinem Pfund zu wuchern". So sind ihm Hilfen zu geben, mit seiner Freiheit verantwortlich umzugehen.

Wenn man von Erbsünde sprechen will, dann liegt es nahe, von der Kirche selbst zu sprechen. Ihr Sündenfall war die Verbindung zum Staat als Staatskirche. Sie wurde dadurch selbst zu einer Macht, der es in der Zukunft bis hinein in die Gegenwart zuerst darum ging, die Macht zu erhalten und auszuweiten. Die Kirche wurde hierarchisch aufgebaut mit dem Vatikan und dem Papst an der Spitze. Es geht so zuerst um die Kirche und nicht um den Menschen. Als Beispiel sei nur auf die Weigerung der römischen Kirche verwiesen, einer Abendmahlsgemeinschaft mit den Kirchen der Reformation zuzustimmen, die für konfessionsverschiedene Ehen und Familien relevant ist. Als Begründung wird angeführt, dass ein Abendmahl nur von einem geweihten Priester vollzogen werden könne, der in der apostolischen Sukzession stehe. Auf gleicher Ebene liegt die Weigerung, die Kirchen der Reformation als Kirchen anzuerkennen. Beides steht im krassen Widerspruch zum Wort Jesu: *„Wo zwei oder drei versammelt sind in meinem Namen, da bin ich mitten unter ihnen" (Mt 18,20)*. Die Lehre gehört zum „Zaun um das Evangelium" (s.S. 105), der die Identität einer Kirche wahren soll. Wenn die Lehre Jesu Evangelium widerspricht, dann muss die Kirche selbst daraus entsprechende Konsequenzen ziehen.

Der neue Papst Franziskus deckt diese Situation vor aller Welt auf. Der Vatikan ist ein Machtzentrum mit allen negativen Erscheinungen von Nepotismus, Seilschaften, undurchsichtiger Verwaltung und obskurem Finanzgebaren. Der Papst lädt ein zur Freude am Evangelium Jesu und stellt die Barmherzigkeit ins Zentrum seines Dienstes. Damit steht der Mensch wieder im Mittelpunkt der Kirche. Es ist jetzt eine spannende Frage, ob und wie die Kirche ihrem Papst folgt.

Vom Vatikan ist die katholische Kirche in ihren Gemeinden und Gläubigen zu unterscheiden, die im biblischen Glauben über die Konfessionsgrenzen hinweg zur ökumenischen Glaubensgemeinschaft finden. Gemeinsam suchen sie in der Heiligen Schrift nach dem Weg des Lebens, wie es schon im Psalm 119,105 heißt: *„Dein Wort ist meines Fußes Leuchte und ein Licht auf meinem Wege."*

Die Kirchen der Reformation haben dem hierarchischen Aufbau der römischen Kirche das synodale Prinzip entgegengesetzt mit den Gemeinden als Basis der Kirche. Durch das Bündnis von Thron und Altar haben sie allerdings bis vor 100 Jahren auch an der Macht partizipiert. Vor allem aber haben sie sich nicht von der Erbsündenlehre getrennt und damit auch das Schuldbewusstsein kultiviert. Eine Lehre, die im Widerspruch steht zum biblischen Zeugnis vom Menschen als Ebenbild Gottes. Für Christen kommt noch hinzu, dass sie durch Jesus als Kinder Gottes angenommen sind, wie es ihnen in der Taufe sichtbar zugesprochen wird.

Positiv kann man in der Geschichte vom Sündenfall einen notwendigen Schritt in der Menschheitsentwicklung sehen, wobei der Mensch aus der paradiesischen Symbiose heraustritt in eine rationale Bewusstseinsstufe. Er wird in die Freiheit entlassen, damit er erwachsen werden kann. Das ist immer ein schmerzhafter Prozess, der seine Zeit braucht, bis der Mensch zu dem geworden ist, der er sein soll und sein kann. Hier stehen wir immer noch an den Anfängen.

Die Geschichte vom Sündenfall kann uns auch daran erinnern, dass die Welt noch nicht so in Ordnung ist, wie sie sein sollte. Es geht ein Riss durchs Leben. Sie zeigt die Abgründe auf, von denen das Leben zu jeder Zeit bedroht ist. Wie dünn die Decke der Kultur und Zivilisation selbst im sogenannten „christlichen Abendland" ist, hat das 20. Jahrhundert mit seinen faschistischen und kommunistischen Regimes in erschreckender Weise gezeigt bis hin zum Holocaust. Wo das Denken und Handeln des Menschen nur noch um sich selbst kreist – damit auch gelöst aus der Beziehung zu Gott und zum Nächsten – lässt er sich von Habsucht und Gier, von Geltungsbedürfnis und persönlichen Machtinteressen leiten, wie es in jüngster Zeit die Finanzkrise des Jahres 2008 wieder deutlich gezeigt hat. Die absolute Autonomie führt über kurz oder lang zur Zerstörung von Leben, sowohl im persönlichen Bereich wie mit verheerenden allgemeinen Auswirkungen auf wirtschaftlicher und politischer Ebene.

Wenn also nicht von allgemeiner Schuldverfallenheit der Menschen die Rede sein kann, so ist umso deutlicher die konkrete Schuld zu benennen. Im juristischen Sprachgebrauch ist Schuld immer mit der Erfüllung eines Straftatbestandes verbunden, einer konkreten rechtswidrigen Tat. Auch wer von moralischer Schuld spricht, verbindet damit ein konkretes fehlerhaftes Verhalten. Davon ist klar zu unterscheiden der ganze Bereich des Zusammenlebens, in dem Menschen einander etwas „schuldig bleiben", wie man sagt. Jeder, der sich für andere einsetzt, weiß, dass er immer noch mehr tun könnte als das, was er gerade tut. Ja, je mehr einer sich engagiert, umso deutlicher sieht er, was noch alles zu tun wäre.

Im täglichen Leben bleiben so sicher viele Forderungen unerfüllt. Je größer der Verantwortungsbereich ist, desto weniger kann man allen unterschiedlichen Ansprüchen und Erwartungen gerecht werden. Man muss sich eingestehen, dass einem Grenzen gesetzt sind. Man kann immer nur nach bestem Wissen und Gewissen handeln im Rahmen seiner Möglichkeiten. Es muss reichen, sagen zu können: Ich habe meine Kräfte ausgeschöpft und zu tun versucht, was ich tun konnte. Das sind Erfahrungen von Grenzen der eigenen körperlichen und psychischen Leistungsfähigkeit, die dem Menschen nicht als Schuld zuzurechnen sind.

Wenn von Gott gesagt wird, er habe sich im Bund mit Noah versöhnt mit den Menschen, wie sie sind, dann darf jeder er selbst sein, kann zu sich selbst Ja sagen, ohne selbstgefällig oder gleichgültig zu werden. Es heißt aber auch, den anderen anzunehmen, wie er ist. Die Erfahrung, bei Gott und den Menschen auf Versöhnung angewiesen zu sein, schärft das Bewusstsein. Man wird angehalten, sein Gewissen immer neu zu prüfen. Es bewahrt vor Überheblichkeit und ruft zur gesunden Selbstkritik und Bescheidenheit in allem, was man tut und was man ist. Früher nannte man das Demut. – Im Gleichnis von den anvertrauten Pfunden (Lk 19,11-27) wird dem Rechnung getragen, dass die Gaben und damit auch die Leistungen unterschiedlich sind. Von keinem wird mehr verlangt, als er leisten kann. Keiner muss ein Perfektionist sein. Perfektionismus kann wie eine Geißel wirken. Man darf sich einfach seiner Gaben freuen. Das schenkt auch Freude an manchem gelungenen Werk, ohne es überschatten zu lassen von dem, was versagt geblieben ist. Zu solch positiver Lebensauffassung befreit Jesu Wort.

Schuld ist also mit einem konkreten Tatbestand verbunden. Sie darf nicht zu einem Wesensmerkmal des Menschen gemacht werden. Jeder trägt die Verantwortung für seine Taten. Verantwortung gehört zur Freiheit und Würde des Menschen. Wer schuldig geworden ist, muss sich zu seiner Tat bekennen, sie bereuen, Wiedergutmachung leisten im Rahmen des Möglichen und den Willen haben, sich zu ändern. Auch der Schuldige fällt nicht aus der Gnade Gottes. Er behält seine Würde. Er ist nicht von einer Versöhnung auszuschließen.

Schuldhaftes Verhalten zerstört immer wieder das Zusammenleben von Menschen und Völkern. Aber im Zentrum steht nicht die Sühne, sondern der versöhnte Gott und die Liebe des Vaters, der die Schuld nicht bagatellisiert, aber einen neuen Anfang ermöglicht dem, der sich zu seiner Schuld bekennt und auf Gott einlässt. Die Versöhnung ist ein unverzichtbares Lebensprinzip. Denn es gibt kaum eine Gemeinschaft, in der es nicht zu Konflikten und Zerwürfnissen kommt. Die Versöhnung ist die Brücke, die entzweite Gemeinschaften wieder zusammenführt. So konnte die EKD Denkschrift zur Vertriebenenfrage 1965 den Weg zu einer politischen Lösung ebnen, indem sie die erfahrene göttliche Versöhnung als Handlungsgrundsatz auf das politische Leben bezog: „Die anzustrebende Friedensordnung ist ohne den Willen zum Neuanfang auf der Grundlage der Versöhnung nicht denkbar."

Ein besonderes Problem stellt sich durch die Verstrickung in die Herrschaft totalitärer Systeme, für uns Deutsche vor allem in der Erinnerung an das nationalsozialistische Regime. Es gibt sicher keine Kollektivschuld in dem Sinn, dass jeder Deutsche für die Verbrechen dieser Zeit haftbar gemacht werden könnte. Schuld ist immer auf eine Person bezogen. So können Strafverfolgungen sich nur auf konkrete Tatbestände beziehen. Es bleibt aber eine moralische Schuld, die als ein Teil zur deutschen Geschichte gehört und als Mahnung und Verpflichtung für die Zukunft nicht vergessen werden darf. Die Versöhnung ermöglicht einen neuen Anfang, zu dem das Stuttgarter Schuldbekenntnis der Kirche zumindest unter den Kirchen der Welt eine wesentliche Voraussetzung geschaffen hat.

Heute stellt sich die allgemeine Schuldfrage neben anderen im ökologischen Bereich. Jeder weiß, dass im Umgang mit der Natur und ihren Ressourcen tief greifende Einschnitte erforderlich sind. In unterschiedlicher Intensität gibt es ein Engagement vieler, Veränderungen zu bewirken. Und doch haben alle als Verbraucher teil an der gegenwärtigen Entwicklung. Was bedeutet hier ein Leben aus der Versöhnung? Man kann es in Anlehnung an das Gleichnis vom Feigenbaum (Lk 13,6 ff.) so verstehen, dass noch eine Zeit gegeben ist, Veränderungen zu bewirken. In dieser Zeit sollten alle sich ihrer Verantwortung bewusst sein, die Gewissen zu schärfen, das zu tun und darin mitzuwirken, was möglich ist, und nicht zu verzweifeln oder gleichgültig zu werden.

Aktuell konfrontiert uns die Flüchtlingswelle mit unserer Vergangenheit. Die Armut in weiten Teilen Afrikas und die Destabilisierung der Staaten im vorderen Orient stehen im engen Zusammenhang mit der europäischen Kolonialpolitik, der wirtschaftlichen Ausbeutung durch die Industriestaaten und deren Politik bis in die Gegenwart hinein. Wir werden an den Dekalog erinnert: *„Ich, der Herr, dein Gott, bin ein eifriger Gott, der die Missetat der Väter heimsucht an den Kindern bis ins dritte und vierte Glied" (2. Mose 20,5)*. Gott steht hier für das innere Gesetz des Lebens, dass die Folgen eines verfehlten Handelns von den Nachkommen zu tragen sind – die sind wir. Sicher ist Schuld nie einseitig, aber der erhebliche Anteil des Westens an der gegenwärtigen Lage darf nicht geleugnet werden. Als Erstes kommt es darauf an, in den Schwarzafrikanern und den Muslimen den Menschen zu sehen, der uns gleich ist.

Die Kanzlerin hat ihre Entscheidung „wir schaffen das" getroffen ohne Rücksichtnahme auf Umfrageergebnisse, in der Verpflichtung gegenüber der europäischen Kultur und Zivilisation, die ihre Wurzeln im Christentum und in der Antike haben. Die Begegnung mit dem Schicksal der Flüchtlinge kann uns dankbar ins Bewusstsein rufen, wie bevorzugt wir leben, denen Frieden, Recht und Wohlstand schon zur Selbstverständlichkeit geworden sind. Aber es ist auch zu erkennen, dass in jeder Gabe auch eine Aufgabe und Herausforderung liegt, der man sich stellen muss. Solche Herausforderung kann ungeahnte Kräfte wecken, für die Zukunft ein neues, wenn auch verändertes Leben, zu ermöglichen. Die Staatsgewalt hat das Ihre zu leisten, ihre Hoheitsrechte zu wahren und gegenüber allen, die in unserem Lande leben, die Befolgung von Recht und Ordnung unseres Staates durchzusetzen.

Hoffnungsträger des Lebens

Im Blick auf mögliche Katastrophen kommt es darauf an, Zeichen der Hoffnung zu finden, die Mut machen und aktivieren, all das zu tun, was Zukunft verheißt. Ohne Hoffnung gibt es kein Leben und keine Zukunft. Robert Jungk meinte feststellen zu können, dass 85 % Wahrscheinlichkeit dafür sprechen, dass die Erde nicht zu retten sei, und nur 15 %, dass es noch gelingen könne. Er setzt auf die Hoffnung, die allein eine Chance des Gelingens eröffnet. Das Denken neigt dazu, das Leben pessimistisch zu sehen. Glaube und Hoffnung sind optimistisch.

Ein Zeichen dieser Hoffnung ist seit alters der Regenbogen, den Gott nach der Katastrophe der Sintflut vor den Augen Noahs in den Himmel stellt. *„Ich will hinfort nicht mehr die Erde verfluchen um der Menschen willen; denn das Dichten und Trachten des menschlichen Herzens ist böse von Jugend auf. Solange die Erde steht, soll nicht aufhören Saat und Ernte, Frost und Hitze, Sommer und Winter, Tag und Nacht"* (1. Mose 8,21 f.).

Das Ende ist zugleich Neuanfang. *„Aber Noah fand Gnade vor dem Herrn"* (1. Mose 6,8). Mit ihm fängt Gott noch einmal neu an. Er wiederholt die Zusagen der ersten Schöpfung. Wenn es dort heißt: *„und siehe, es war sehr gut"*, so liegt darin auch ein Ja zum Menschen, wie er ist! Er hält diesen Menschen für wert, geliebt und angenommen zu werden. Aussagen über Gott sind in den biblischen Schriften keine spekulativen Aussagen über himmlische Ratschlüsse. Sie benennen die Fundamente des Lebens, die Voraussetzungen sind für ein gutes Leben. Was von Gott gesagt wird, das gilt dann auch für die Menschen im Umgang miteinander.

Das kann oft anstrengend sein sowohl im persönlichen Umgang wie auch im öffentlichen und politischen Bereich. Man muss nüchtern die Gefahr sehen, dass man vor allem auch im Blick auf manche abgründige Entwicklungen in der Geschichte und Gegenwart nicht zum Menschenverächter wird. Man schadet damit nur sich selbst, indem sich der ganze Lebenshorizont und die eigene Denkungsart verfinstert. Geholfen wird niemandem. Es zeigt aber, wie schwierig es oft sein kann, nicht aus der Liebe zu fallen, die neue Ansätze ermöglicht.

So beruft Gott auch nach Noah Menschen, die aus seinem Geist und nach seinen Weisungen zu leben trachten. Sie werden zu Hoffnungsträgern für das Leben. Man denke an Abraham, den Vater des Glaubens für alle drei monotheistischen Religionen Judentum, Christentum und Islam, an Mose, durch den Gott das Volk Israel erwählt. Schließlich Jesus. Durch ihn werden Menschen aus allen Völkern erwählt, die im Glauben und Vertrauen ihr Leben in Gott finden und nach seinen Weisungen ihr Leben zu führen trachten.

Die Geschichte der Erwählungen zeigt den Weg des Lebens, der eine Zukunft hat. Es wird oft geklagt über das Elend und die Ungerechtigkeit in der Welt, ohne die verheißungsvolle Gegengeschichte zu sehen von Hingabe, Liebe und Opferbereitschaft. Es gibt zu allen Zeiten einzelne Menschen oder auch Gemeinschaften, die sich nicht vom Strom der Menge und den allgemeinen Trends mitreißen lassen, sondern bewusst andere Wege gehen und sich dafür auch mit allen Kräften einsetzen. Im 20. Jahrhundert wird gern an Albert Schweitzer und Mutter Teresa erinnert, an Martin Luther King und Dietrich Bonhoeffer. Diese Namen stehen stellvertretend für alle, die ihr Leben im politischen Widerstand geopfert haben, und für alle, die mit ihrer Kraft und ihren Gaben dem Nächsten dienen. Jeder Staat und jede Gemeinschaft lebt von den Menschen, die sich für andere einsetzen. Alle sozialen Dienste leben davon, dass Menschen sich zu dieser Aufgabe berufen fühlen. Es ist vor allem auch an die „Stillen im Lande" zu denken, die im privaten Bereich unbeachtet von der Öffentlichkeit oft in aufopferungsvoller Hingabe Hilfsbedürftige pflegen. Dieser Dienst der Nächstenliebe verbindet Menschen aus allen Religionen und Weltanschauungen. Die Berufenen, die Erwählten sind die Hoffnungsträger des Lebens in allen Bereichen.

In diesem Zusammenhang steht das Evangelium Jesu. Indem Gott Menschen erwählt, ist er versöhnt mit den Menschen, wie sie nun einmal sind. Diese Versöhnung spricht Jesus in der Botschaft von der Liebe des Vaters allen Menschen unterschiedslos zu. Er lädt die Menschen einfach ein, teilzuhaben an der Gemeinschaft mit Gott in seinem Reich, in dem Liebe und Barmherzigkeit gelten, wie er es selbst verkündigt und in seinem Leben sichtbar werden lässt.

Man kann in den Worten Jesu einen sehr praktischen und lebensnahen Bezug finden. Jesus zeigt hier seine Kunst der Menschenführung. Er hält den Menschen nicht ihr Versagen vor. Das wäre lieblos. Es würde den Menschen erniedrigen. Spricht man von den Schwächen und verlangt von einem Menschen etwas, was er nicht leisten kann, so treibt man ihn in die Enge und Frustration – zum eigenen Schaden und zum Schaden aller. Jesus hat Vertrauen zum Menschen. Er spricht ihn auf seine guten Seiten an, heute könnten wir sagen, auf den ihm angeborenen Altruismus. Er stärkt in ihm das Selbstvertrauen und ermutigt ihn, seine Gaben und Fähigkeiten sinnvoll einzusetzen zu eigenem und gemeinem Nutzen. Zuwendung und Forderung gehören zusammen.

Mit der Botschaft von der Liebe Gottes lässt Jesus das Gesetz nicht fallen. Das Gesetz bleibt bestehen. Es soll kein Jota (der kleinste Buchstabe im hebräischen Alphabet) vom Gesetz genommen werden (Mt 5,18). Das Wort des Apostels behält seine Gültigkeit: *„Irret euch nicht. Gott lässt sich nicht spotten. Was der Mensch sät, das wird er ernten" (Gal 6,7).* Wo der Mensch Gottes Weisungen missachtet, zieht er selbst das Unheil auf sich, ihn bestraft das Leben. Das hat die jüngste Geschichte wieder aufs Eindrucksvollste bestätigt.

Durch Jesu Botschaft wird das Gesetz Gottes nicht aufgeweicht, aber die Einstellung des Menschen zum Gesetz wird durch Jesus verändert. Es ist nicht mehr die Furcht vor dem Richter, die zum Gehorsam treibt, sondern die Liebe, die Jesus gelebt hat, motiviert, aus eigener innerer Überzeugung und mit dem Herzen den Weisungen Gottes zu folgen. Darin liegt die wahre Freiheit. Liebe zum Vater bewährt sich in der Liebe zum Nächsten, ihm zu helfen, und nicht als verdienstvolles Tun, um gute Werke zu sammeln oder sich selbst darzustellen als „guter Mensch". Die Begegnung mit Jesus verändert den Menschen durch die Kraft der Liebe. Die katholische Schwester Karoline, die auch die Mutter Teresa Lateinamerikas genannt wird, antwortet in ihrer Biografie auf die Frage, wie es ihr gelinge, so viele Helfer und Förderer für ihre Arbeit zu gewinnen: „Das Geheimnis ist immer die Liebe. Der einzige Sinn meines Lebens, das Einzige, was in mir selbst Sinn macht, ist, wenn ich die Liebe lebe. Ich nenne diesen Urgrund Gott, die Quelle, aus der die Liebe kommt" (S. 220).

Das Kreuz: ein Symbol des Lebens

Im Christentum stehen die Liebe und das Leiden im Zentrum seiner Botschaft. Das zeichnet es gegenüber vielen Heilsbotschaften aus, die das Leiden an den Rand des Lebens rücken als eine Mangelerscheinung, die irgendwann durch die Wissenschaft überwunden werden kann. Die Wirkungsgeschichte dieses Glaubens beruht ganz wesentlich darauf, dass Leiden als Teil des Lebens angenommen wird.

Das Leiden steht für Christen im unmittelbaren Zusammenhang mit Gott und dem Weg zu einem neuen Leben. Die Jünger wurden durch den schmachvollen Tod Jesu am Kreuz von Golgatha gezwungen, sich diese Zusammenhänge erschließen zu lassen. Sie selbst waren nur ratlos. Der Tod Jesu war die äußerste Herausforderung ihres Glaubens an Gott. Mit der Kreuzigung Jesu waren all ihre Hoffnungen zerstört worden, die sie auf Jesus als den Boten Gottes gesetzt hatten. Hinzu kam die Angst um ihr eigenes Leben. Jesus war als Staatsfeind hingerichtet worden. So mussten sie als seine Anhänger fürchten, ein gleiches Schicksal zu erleiden. Darum flohen sie in die Provinz nach Galiläa und verbargen sich vor der Öffentlichkeit.

Sie flohen, aber die Geschichte mit Jesus ließ sie nicht los. Sie erzählten sich die Geschichten, die sie mit ihm erlebt hatten. Sie lasen in ihrer Heiligen Schrift, dem Alten Testament. Beim Propheten Jesaja stießen sie auf die Lieder vom leidenden Gottesknecht, der ihnen die Möglichkeiten gab, den Tod Jesu mit Gott zu verbinden. *„Weil seine Seele sich abgemüht hat, wird er das Licht schauen und die Fülle haben" (Jes 53,11).* Der Leidende wird von Gott angenommen. Die Worte des Propheten haben den Jüngern die Augen geöffnet, das Leiden und Sterben Jesu nicht von Gott zu trennen. Sie erkannten, dass Leiden und Tod nicht gleichbedeutend sind mit Niederlage und Verwerfung. Leiden wurde als ein Weg wahrgenommen, auf dem Gott dem Menschen in einer bisher nicht erlebten Tiefe begegnet. Die Jünger begannen zu erkennen, dass Gott in Jesus in besonderer Weise zur Sprache kam. Das Scheitern vor der Welt hebt die Wahrheit nicht auf. So erschlossen sich ihnen die Zusammenhänge von Leiden und Leben.

So widerspruchsvoll das Kreuz auch erscheint, so steht es doch nicht allein in der Geschichte. Weder der Weg der Propheten aus dem Alten Testament noch der Weg Jesu und derer, die ihm folgten, waren Wege der Macht. Es sind diese Ohnmächtigen, die eine unvergleichliche Wirkung auf die Menschen aller Zeiten ausgeübt haben und neues Leben ermöglichen. Sie sind die Hoffnungsträger des Lebens, die aufgebrochen sind aus vertrauten Verhältnissen, die ihre eigenen Interessen und Wünsche zurückgestellt haben, die Entbehrungen und Verfolgungen auf sich genommen haben bis hin zum Opfer ihres eigenen Lebens. Die Geschichte vom Kreuz übt so einen Zwang aus, diesen inneren Zusammenhängen nachzuspüren. Es kann davor bewahren, das ganze Leben mit einfachen Formeln deuten zu wollen. Das Leben hat seine Widersprüche, die kein rationales Denken entschlüsseln kann. Es bleibt ein Geheimnis, das ständig zu denken gibt.

Jesus hat das Leiden bis in die tiefsten Abgründe erlitten im Vertrauen auf Gott. Gegen alle Widerstände hat er an Gott festgehalten und den Glauben an seinen himmlischen Vater in der härtesten Bewährungsprobe im Angesicht des Todes durchgehalten. Es ist ein Ringen mit Gott! Aber ein Kampf, der die Verheißung des Lebens in sich trägt, wie er es seinen Jüngern gesagt hat. *„Ich lebe und ihr sollt auch leben" (Joh 14,19).* Die negative Wertung des Leidens als Strafe Gottes hat durch Jesus eine positive Wendung bekommen. Er öffnet Gedanken und Sinne, das Leiden anzunehmen als einen Weg, der neue Dimensionen des Lebens eröffnet.

Das sind Erfahrungen, die sich erst im Rückblick auf überstandene Leiden erschließen. Schweres Leid macht zuerst ratlos und sprachlos. Viele werden durch das Leid in Verzweiflung und Resignation getrieben, sodass ihr ganzes weiteres Leben dadurch einen Bruch erhält, den sie nie überwinden. Andere verdrängen das Leiden. Helmut Thielicke hat sich darüber Gedanken gemacht, warum die Leiden der Kriegs- und Nachkriegszeit nicht zu einer breiten geistigen Erneuerung geführt haben. Er sieht die Ursache darin, dass Menschen nur „abgetaucht" seien, die Leiden über sich ergehen ließen, um dann dort wieder zu beginnen, wo sie aufgehört haben.

Leiden will aber als Teil des Lebens angenommen werden, eine Herausforderung, der ich mich stellen muss. Sie gehört jetzt zu meinem Leben. Wer sich darauf einlässt, macht vielschichtige Erfahrungen. Man ist ganz auf sich selbst zurückgeworfen. Die eigene Lebensplanung bricht zusammen. In dieser persönlichen Betroffenheit erscheint das Leben total verändert. Man sieht noch keinen Weg. Man ist mit seinen eigenen Möglichkeiten am Ende. In dieser Situation sind Vertrauen und Hoffnung die elementaren Kräfte, die einen nicht verzagen lassen, sondern den Glauben wach halten, dass sich ein neuer, wenn auch veränderter Weg für mein Leben zeigen wird. Das Wort Jakobs, *„ich lasse dich nicht, du segnest mich denn"* *(1. Mose 32,27),* ist vielen gerade im Leiden wichtig geworden. Gott nicht loszulassen und die Hoffnung nicht fahren zu lassen. Darin liegt eine Kraft, wie sie auch der Dichter des 138. Psalms erfahren hat: *„Wenn ich dich anrufe, so erhörst du mich und gibst meiner Seele große Kraft"* *(V. 3).* Die eigene Hilflosigkeit und Aussichtslosigkeit kann die Gedanken und Sinne öffnen für eine transzendente Dimension in einer bis dahin nicht gekannten Weise. Wer so an seine eigenen Grenzen geführt worden ist, dessen Gedanken können sich für neue Erfahrungen öffnen, in denen ihnen Gott begegnet. Meister Eckhart geht sogar so weit zu sagen: „Das Leid ist das schnellste Pferd zu Gott." Dieses schnelle Pferd wünscht man sich nicht, aber es weist auf die bleibende Bedeutung des Kreuzes hin, über diese Zusammenhänge nachzudenken. Das könnte auch ein Weg sein, dem Geheimnis von Tod und Auferstehung näherzukommen, wenn wir es auch nicht auflösen können.

Um allen Missverständnissen zu begegnen, sei noch einmal klar gesagt, dass hinter dem Zusammenhang von Kreuz und Leben keine Verklärung des Leidens steht, noch geht es darum, es zu verharmlosen. Jedes Leiden von Menschen fordert heraus, nach den gegebenen Möglichkeiten zu helfen und die Not zu lindern. Im Kreuz geht es um das eigene Leiden. Es kann nur als ein Weg zu einem neuen Leben in der persönlichen Beziehung zu Gott wahrgenommen werden. Davon losgelöst kann es geradezu zynisch wirken, so positiv vom Leiden zu reden. Keiner wird sich und soll sich das Leiden wünschen. Aber wenn es mich trifft, dann will es das Bewusstsein in mir wecken, dass im Leiden Möglichkeiten liegen, das Leben neu zu erfahren und darin bleibenden Gewinn zu finden.

So ist es zu verstehen, dass viele Menschen, die vom Leid geprüft worden sind, zu berichten wissen, dass sie nun das Leben mit anderen Augen sehen. Das Leben wird anders wahrgenommen. Die Werte verschieben sich. Man hat gelernt, zwischen Wichtigem und Unwichtigem zu unterscheiden. In alldem wird eine Gelassenheit geschenkt, die Lebensangst und Todesangst in Grenzen hält. Die Erfahrungen aus der Zeit des Leidens wecken ein Vertrauen, dass einem auch bei kommenden Schwierigkeiten die Kraft gegeben wird, in dem zu bestehen, was einem auferlegt wird. Bewusst durchlebte Leiden lassen Menschen zu geprägten Persönlichkeiten reifen. Wenn man auf die Zeit nach dem 2. Weltkrieg zurückblickt, dann sind sie es gewesen, die das Geschick unseres Landes in die

Hand nahmen: Menschen, die durch schwere Zeiten des Leidens und der Verfolgung bewusst hindurch gegangen waren.

Der Brief an die Hebräer fasst diese Zusammenhänge von Leiden und Leben in die Worte: *„Jede Züchtigung aber, wenn sie da ist, scheint uns nicht Freude, sondern Leid zu sein; danach aber bringt sie als Frucht denen, die dadurch geübt sind, Frieden und Gerechtigkeit" (Hebr 12,11).* Bezeichnend ist in diesem Satz, dass die „Frucht" des Leidens sich nicht von selbst ergibt, sondern denen zuteil wird, die dadurch „geübt" sind, d.h. die sich bewusst mit dieser Situation auseinandergesetzt haben. Frieden und Gerechtigkeit heißen in der Ursprache Israels „Schalom" und „Zedaka". Sie umschreiben das Heil des Menschen in einem Leben mit Gott.

So können sich im persönlichen Umfeld die Zusammenhänge von Leben und Leiden erschließen. Der weltweite Terrorismus lässt uns im Kreuz den Zusammenhang von Leben und Opfer erkennen. Ein Leben, das im Geist der Liebe und Barmherzigkeit und im Dienst für Recht und Gerechtigkeit geführt wird, ist in dieser Welt mit Opfern verbunden und im äußersten Fall mit dem Opfer des Lebens. Unter dem Zeichen des Kreuzes hat die Botschaft Jesu Geschichte gemacht und wird so zum Symbol, dass noch jede Macht der Welt früher oder später ihre Grenzen findet an den Menschen, die sich ihre Freiheit nicht rauben lassen und mit ihrem Leben zu dieser Freiheit stehen.

Ewiges Leben

Der Philosoph L. Wittgenstein hat zu bedenken gegeben: „Worüber man nicht reden kann, darüber soll man schweigen." Das scheint einleuchtend. Aber die Sache, die hier zur Sprache kommen will, betrifft alle Menschen. Das Einzige, was wir vom Leben sicher wissen, ist, dass wir sterben werden. Keiner kann dem Tod ausweichen, auch wenn er von vielen verdrängt wird. So finden sich in allen Religionen Gedanken und Vorstellungen von einem Leben nach dem Tod. Zum christlichen Bekenntnis gehört der Glaube ans ewige Leben.

Über ein Leben nach dem Tod können keine gegenständlichen Aussagen gemacht werden, weil es keine Erfahrungswerte gibt. Alle Vorstellungen, die Menschen mit solchem Leben verbinden, sind aus unserer Welt genommen. In diesem Zusammenhang ist es darum wichtig, daran zu erinnern, dass unser Leben nicht nur die materielle Welt umfasst, sondern zugleich auch die Welt des Geistes mit ihrer eigenen Qualität. Hier verlieren sich die Grenzen von Raum und Zeit. Hier ist auch der Ansatz zu suchen, die Grenzen, die der Tod dem Leben setzt, zu überschreiten.

Auf der geistigen Ebene ist die Gemeinschaft der Jünger mit Jesus zu sehen. Die Erfahrung des Lebens mit Jesus begleitete sie. In seinen Worten und seiner Ausstrahlung blieb er unter ihnen gegenwärtig über seinen Tod hinaus. Diese Erfahrung muss sich unter ihnen verdichtet haben zu der Gewissheit, der sie mit den überlieferten Worten Ausdruck verliehen: „Er ist auferstanden." Aus den verängstigten Jüngern, die sich vor der Öffentlichkeit verbargen, wurden mutige Bekenner, die öffentlich die Worte Jesu weitersagten. Das allein lässt sich historisch feststellen. Das Ereignis, das aus der Beziehung zu Jesus erwachsen ist und zu dieser Wende geführt hat, kann man am ehesten als Erleuchtung durch den Heiligen Geist erfassen. Darauf weist die Tatsache hin, dass das erste öffentliche Bekenntnis zum Auferstandenen mit dem Pfingstfest verbunden ist, also mit der Gabe des Heiligen Geistes. Es handelt sich um einen inneren Vorgang der Vergewisserung, der aber von weltgeschichtlicher Bedeutung ist durch die Ausbreitung des Christentums über den ganzen Erdkreis. In dieser inneren Beziehungsgeschichte der Jünger zu Jesus und Jesu zu Gott ruht die Wirklichkeit der Auferstehung, nicht in den Vorstellungen, die Menschen sich davon machen. Man kann sich dieser Osterbotschaft nur nähern, indem man sich selbst auf eine solche Beziehung zu Jesus und seiner Botschaft einlässt.

In dieser Beziehungsgeschichte mit Gott liegt der Zugang zum ewigen Leben. *„Das ist aber das ewige Leben, dass sie dich, der du allein wahrer Gott bist, und den du gesandt hast, Jesus Christus, erkennen"* (Joh 17,3). Oder noch kürzer und präziser: *„Wer an den Sohn glaubt, der hat das ewige Leben" (Joh 3,36).* Damit verändert sich die Blickrichtung. Die Auferstehung lenkt den Blick in die Zukunft mit allen Hoffnungen und Fragen, die damit verbunden sind. Das ewige Leben stellt uns in die Gegenwart: als Einladung zu einem Leben mit Gott, als gläubige Hingabe im Vertrauen auf Gott im Leben und im Sterben. Die Wirklichkeit des ewigen Lebens ist somit in dem Leben verankert, das den Menschen schon jetzt mit Gott verbindet. Sie verwandelt den Menschen, der durch sie in eine andere Dimension hineingenommen wird, in der die Grenzen von Zeit und Raum des natürlichen Denkens überwunden sind. Damit wird auch das Denken verändert. Der Begriff Ewigkeit umschreibt hier nicht eine zeitliche Dimension, die bis ins Unendliche reicht, sondern eine zeitlose Tiefendimension des Lebens, die auf den Ursprung und die Quelle des Lebens weist. Ewiges Leben ist ein qualifiziertes Leben durch die Beziehung zu Gott, das seine Kommunikationsebene im Dialog mit dem biblischen Wort findet.

Im Leiden und Sterben Jesu ist der Weg dieses Lebens unter seiner äußersten Herausforderung reflektiert. Am Anfang stehen das Erschrecken und die Angst vor dem nahen mörderischen Tod. *„Mein Vater, ist es möglich, so gehe dieser Kelch an mir vorüber."* Dann wächst die Bereitschaft, das Sterben anzunehmen: *„Doch nicht wie ich will, sondern wie du willst" (Mt 26,39)*. Am Kreuz überwältigen ihn die Schmerzen, dass er mit den Worten des jüdischen Sterbegebetes, dem 22. Psalm, klagt: *„Mein Gott, mein Gott, warum hast du mich verlassen?" (Mt 27,46)* Es ist ein Aufschrei zu Gott und doch zugleich Vertrauen auf ihn, denn es heißt dann weiter im Psalm: *„Aber du, Herr, eile mir zu helfen."* So findet er zum Frieden mit Gott, dass er am Ende sagen kann: *„Vater, ich befehle meinen Geist in deine Hände" (Lk 23,46)*. Im Sterben hat er das Vertrauen auf Gott durchgehalten. In der Kraft dieses Geistes hat er die zerstörerische Macht des Todes und des Nihilismus überwunden. Das ist der Sieg des Geistes Gottes über die Macht des Todes. In seinen Worten – *„in deine Hände befehle ich meinen Geist"* – tritt eine grenzüberschreitende Gemeinschaft mit Gott hervor, die alle irdischen Fesseln hinter sich lässt. So ist Jesus einen Weg gegangen, dem man folgen kann. Wer sich in seinem Leben auf Gott einlässt, darf in der Zuversicht leben, dass ein gewachsenes Gottvertrauen ihn auch durch das Sterben trägt.

Mit zunehmendem Alter spürt man, wie der Kreis derer immer größer wird, die zum eigenen Leben gehören und nicht mehr unter uns weilen. In den Gedanken stehen die Lebenden und die Toten unterschiedslos nebeneinander. Es ist eine Gemeinschaft der Lebenden und der Vollendeten. „Aber Lebendige machen alle den Fehler, dass sie zu stark unterscheiden", sagt Rainer Maria Rilke dazu in seiner ersten Elegie. Und weiter: „Engel (so sagt man) wüssten oft nicht, ob sie unter Lebenden gehen oder Toten. Die ewige Strömung reißt durch beide Bereiche alle immer mit sich und übertönt in beiden."

Die christliche Gemeinde hat seit alten Zeiten ihre Toten in der Kirche oder um die Kirche herum bestattet. So blieb sie auch sichtbar mit ihren Toten in einer Gemeinschaft verbunden. In einem Gebet zum Abendmahl heißt es: „Schenke uns Gemeinschaft mit dir und allen, die schon überwunden haben und nun in deinem Frieden ruhen." In dieser Gemeinschaft erscheint eine Weite, die auch die Grenze des Todes überschreitet.

Dennoch ist die Neigung schwer zu unterdrücken, sich Gedanken über ein Leben nach dem Tod zu machen. Man sucht nach Bildern und Gleichnissen. Wir sind dem Gegenständlichen verhaftet, von dem wir uns kaum lösen können. „Was bleibt von mir?", wird von nicht wenigen gefragt. Bereits der Apostel Paulus ist auf solche Überlegungen eingegangen: *„Es wird gesät ein natürlicher Leib und wird auferstehen ein geistlicher Leib"* *(1. Kor 15,44).* Was ist aber ein geistlicher Leib? Offenbar umschreibt er eine andere als die gegenständliche Wirklichkeit.

Dennoch behalten unterschiedliche Vorstellungen vom ewigen Leben ihr Recht für alle, die in den verschiedenen Bildern Trost im Sterben und inneren Frieden finden. Im Zweifelsfall sollte man sich aber bewusst sein, dass es eben Vorstellungen sind von dem, was man sich nicht vorstellen kann. Vertrauen braucht Bilder und Gleichnisse, in denen es lebt und durch die es sich mitteilt. Die Bilder sind ein Medium, in dem sich das Vertrauen ausdrückt, aber sie sind nicht die Sache selbst.

In der Bestattungsordnung der Kirche wird vom Leib gesagt: „Von der Erde bist du genommen, zur Erde sollst du wieder werden." Hier wird unmissverständlich der natürliche Kreislauf angesprochen. Aber daneben tritt ein anderer Zyklus „aus Gottes Hand in Gottes Hand", wenn es vom Verstorbenen heißt: „Ihn befehlen wir der Gnade Gottes." Von Gott hat er den Geist empfangen, der als geprägtes Ich zu Gott zurückkehrt und bei ihm nun aufgehoben ist. So bleibt er auch unter den Lebenden lebendig. In diesen beiden Lebenszyklen tritt unsere Welt als Menschen noch einmal deutlich als Kreatur und als Geist ins Bewusstsein. Zugegeben, es sind Versuche, sich dem Unsagbaren zu nähern.

In dem Zusammenhang ist daran zu erinnern, dass Jesus uns zuruft: *„Sorgt nicht um euer Leben" (Mt 6,25)*. Er will damit in eine Freiheit entlassen, in der die Gedanken nicht mehr um das eigene Ich kreisen, sondern voll Vertrauen dem Kommenden entgegensehen. Sollte das nicht auch zum Tragen kommen in der Sorge um das, was aus uns wird? Auch hier sind wir eingeladen, unsere Zukunft in Gottes Hand zu legen und ihm zu vertrauen, wie es sich im Leben vielfach bewährt hat. Entscheidend scheint mir zu sein, sich eine Offenheit für die Zukunft zu bewahren aus dem Bewusstsein, in eine umfassende Wirklichkeit eingebettet zu sein, ohne sie mit einer konkreten Vorstellung zu verbinden. Worte des Glaubens können dieses Vertrauen stärken wie das Wort: *„Von allen Seiten umgibst du mich und hältst deine Hand über mir" (Ps 139,5)*. Sie vermögen einen inneren Frieden zu geben, der auch durch dunkle Stunden trägt.

Es ist nicht immer leicht, sich so in Gottes Führungen zu fügen. Und es ist auch nicht alles im Leben Gottes Fügung. So ist wohl zu unterscheiden zwischen dem, was nicht zu ändern ist, dem ich mich beugen muss, und dem, was zu ändern ist, das mich herausfordert, es zu ändern. Beides ist nicht immer leicht zu unterscheiden.

Im Zusammenhang der Fragen nach Leben, Sterben und Tod wird heute die Frage nach Sterbehilfe gestellt. Das Leben ist ein Geschenk. Keiner kann sich seine Eltern aussuchen oder die Zeit bestimmen, in der er geboren wird. Der Glaube sieht im Leben eine Gabe Gottes, die darum auch er allein nur zurücknehmen kann. „Selbstmordtäter", wie man sie früher nannte, wurden darum auch außerhalb des Gottesackers bestattet. Das hat sich geändert, nachdem man erkannte, dass der Freitod mit psychischer Instabilität in Zusammenhang steht.

In den letzten Jahrzehnten hat die Hochleistungsmedizin zur Erhöhung der Lebenserwartung um mehr als 10 Jahre geführt. Damit verbunden ist aber auch eine Erhöhung der Krebserkrankungen und vor allem der Altersdemenz. Für die unheilbar Kranken mit einer begrenzten und überschaubaren Lebenserwartung, die in der Regel mit vollem Bewusstsein leben, leisten die Hospizvereine und die Palliativmedizin allgemein anerkannte Dienste der Sterbebegleitung, die ein Sterben in Würde ermöglichen. Anders ist es bei der Demenzerkrankung, die sich vor allem bei Alzheimer auf einen Prozess von 10 und mehr Jahren erstrecken kann bei zunehmendem geistigen Verfall und schwindender Kommunikation. Am Ende reduzieren sich die wahrnehmbaren Beziehungen zur Umwelt auf körperliche Berührung. Da helfen keine Palliativmedizin und keine Hospizgruppe. Wenn auch Hilfen angeboten werden, so tragen die Familienangehörigen doch die Hauptlast und sind bis an die Grenzen ihrer physischen und psychischen Leistungsfähigkeit gefordert.

In Deutschland gibt es 1,3 Millionen Demenzkranke mit steigender Tendenz auf 2,5 Millionen im Jahr 2050. Vor allem ist die ältere Generation von dieser Krankheit betroffen. Dieser Quantitätssprung ist zugleich ein Qualitätssprung mit gesellschaftlicher und persönlicher Relevanz. Das fordert neue Antworten heraus. Damit sind sehr komplexe Fragestellungen verbunden, vor allem im Blick auf eine gesetzliche Regelung. Ich will mich hier auf den persönlichen Aspekt beschränken.

In diesem Zusammenhang wird zuerst nach dem Selbstbestimmungsrecht des Menschen gefragt. Was ist erlaubt, wo sind die Grenzen? Der Mensch ist es, der sich für oder gegen eine Operation entscheidet. Im höheren Alter stellt sich für den Einzelnen zunehmend die Frage, ob die ganze Belastung einer Operation und der damit oft verbundenen Nachbehandlungen in einem Verhältnis steht zu dem Leben, das ihn danach noch erwarten könnte. Das Leben hat im hohen Alter seine Erfüllung gefunden, sodass man nun bereit ist, der Natur ihren Lauf zu lassen, um bewusst sein Leben zu Ende führen zu können. Hier liegt durchaus eine Güterabwägung vor.

Gilt diese Güterabwägung auch bei der Entscheidung zwischen Freitod und Demenz? Der Glaube erlebt täglich das Leben als Geschenk Gottes. Er kann es nur so erleben, weil er in eine Beziehung zu Gott hineingenommen ist. Die Demenzerkrankung kann von außen nur wahrgenommen werden als Verfall der Beziehungen. Und damit fragt man sich, ist das noch Leben, ein Leben beziehungslos in geistiger Umnachtung?! Wenn ich mein Leben auch täglich als Geschenk erlebe, so verdanke ich doch der von Menschen entwickelten Hochleistungsmedizin, dass ich heute noch lebe. Überlieferte Maximen müssen in diesem Kontext bedacht werden. Denn aus diesem Befund kann man die Folgerung ziehen, dass der Betroffene auch das Recht hat, über den Umgang mit den negativen Folgen dieser durch menschliche Technik ermöglichten Eingriffe zu entscheiden. Das wird immer eine höchst persönliche Entscheidung sein. Wer ist der Mensch, dass er darüber richten kann?

Das Alter kommt einer Bereitschaft entgegen, das Leben loszulassen. Man denkt bewusster in Generationen, unter denen man selbst nur ein Glied ist in einer Kette. Man nimmt sich selbst nicht mehr so wichtig. Auch in seinen Wünschen wird man bescheidener. Ein alter Priester sagte mir einmal auf die Frage, wie es ihm gehe: „Man wird immer älter und immer bescheidener und immer frömmer." Das ist wahr. Es ist auch bei alten Menschen oft zu beobachten, wie ihre Gedanken in die Kindheit zurückgehen und offenbar ganz in diesem Leben aufgehen. Es kann so der Übergang sein zu den Vätern, wie es von Jakob heißt: *„Er verschied und starb und wurde versammelt zu seinen Vätern" (1. Mose 35,29).*

Das Leben bleibt ein Geheimnis, weil es eine umfassende

Wirklichkeit ist, in die jeder von uns als Teil eingebunden ist, von der er aber nur einen ganz bescheidenen Teil wahrnimmt. In den Fragen, die über den Tod hinausgehen, gibt es keine Beweise. Hier kann es nur eine ganz persönliche Antwort geben. Da denke ich ganz pragmatisch. Ich halte mich an spirituelle Erfahrungen wie das Vertrauen auf Gott und ein Leben mit seinem Wort, die mir in allen Höhen und Tiefen inneren Halt gegeben haben. So finde ich zu einem inneren Frieden, versöhnt mit Gott und der Welt, dankbar für das geschenkte Leben in guten und schweren Tagen. Man mag hier von einem Seelenfrieden sprechen, der in Gott ruht und durch den Tod nicht von ihm getrennt wird. So wird man hineingenommen in ein ewiges Leben, das alle Vorstellungen von einem Leben nach dem Tod hinter sich lässt. Freilich weiß keiner, welche Gedanken einen in den letzten Stunden befallen. Dann möchte das Wort des 73. Psalms einen stärken: *„Dennoch bleibe ich stets an dir; denn du hältst mich bei meiner rechten Hand, du leitest mich nach deinem Rat und nimmst mich am Ende mit Ehren an"* *(V. 23 f.).*

Juden und Christen

Nach dem Zweiten Vatikanischen Konzil und entsprechenden Erklärungen der protestantischen Kirchen hat sich das Verhältnis der Christen zu den Juden grundlegend geändert. Die Verurteilung der Juden als Gottesmörder gehört der Vergangenheit an. Der bleibende Bund Gottes mit dem Volk der Juden wird anerkannt. Damit ist eine Gesprächsbasis auf gleicher Ebene geschaffen worden. Juden und Christen glauben an den einen und selben Gott. Jesus hat keinen neuen Gott verkündet, sondern er hat den Nichtjuden den Zugang zum Gott der Juden erschlossen.

Im Allgemeinen wird das Messiasverständnis als zentraler Unterschied zum Judentum genannt. Mit dem Bekenntnis zu Jesus als dem Messias wird die jüdische Messiaserwartung zwar aufgenommen, aber im Zusammenhang mit der schon erwähnten Botschaft Jesu vom Reich Gottes, das hier und jetzt mit ihm beginnt in der gelebten Liebe, inhaltlich entscheidend verändert. Diese Auffassung konnten die Juden nicht teilen. Sie würden damit ihre Identität aufgeben, denn für sie kommt der Messias am Ende der Zeiten. Zwei Auffassungen stehen sich hier gegenüber. Selbst im heutigen Judentum gibt es unterschiedliche Auffassungen zwischen dem orthodoxen und dem reformierten Judentum. Im allgemeinen christlichen Bewusstsein ist Christus schlicht der Hoheitstitel für Jesus. Es ist ein Unterschied, mit dem beide Seiten leben können.

Die Anfänge der späteren christlichen Gemeinde dürften sich noch sehr unauffällig vollzogen haben. Die ersten Christen waren Juden, die weiterhin im Tempel beteten und die rituellen Gebote beachteten, vor allem die Speisegebote. Darüber hinaus versammelten sie sich am ersten Tag der

Woche in ihren Häusern, lasen die Heilige Schrift, erzählten von ihren Begegnungen mit Jesus und feierten das gemeinsame Mahl. Sie waren eine kleine Gruppe, wie es damals viele Gruppen innerhalb des Judentums gab, die zunächst kein großes Aufsehen erregte. Jedenfalls findet man keine Berichte über die Christen in der zeitgenössischen Literatur. Aber schon bald wurde zumindest der Hohe Rat auf sie aufmerksam, sodass er gegen sie vorging.

Diese junge judenchristliche Gemeinde fand sehr schnell Anhänger über Jerusalem hinaus. Drei bis fünf Jahre nach der Kreuzigung Jesu bittet der Rabbiner Saulus den Hohen Rat um Vollmacht, gegen Christen in Damaskus vorgehen zu dürfen. Saulus war ein hoch gebildeter Theologe, aufgewachsen im hellenistisch geprägten Tarsus. Er dürfte sich auch intensiv mit der Botschaft der Christen befasst haben, denn nur so konnte er zu einem der am meisten gefürchteten Gegner der jungen Gemeinde werden. Man würde ihn heute wohl unter die Orthodoxen rechnen, der *„über die Maßen eiferte für die Satzungen der Väter" (Gal 1,14)*. Auf dem Weg nach Damaskus trifft ihn das schon sprichwörtlich gewordene Damaskuserlebnis. Er selbst schreibt darüber: *„Als es aber Gott wohlgefiel, der mich von meiner Mutter Leib an ausgesondert und durch seine Gnade berufen hat, dass er seinen Sohn offenbarte in mir, damit ich ihn durchs Evangelium verkündigen sollte unter den Heiden ..." (Gal 1,15 f.)*.

Es steht so eine Berufung am Anfang der Heidenmission, die unter den damaligen Judenchristen umstritten war, wie die Apostelgeschichte deutlich erkennen lässt. Damit verbunden war die Ausbildung einer eigenständigen, vom Judentum unterschiedenen christlichen Religion. Für das Verständnis der weiteren Entwicklung ist es aber wichtig, die Probleme näher kennenzulernen, die Paulus persönlich bewegt haben mögen, die dann durch das Erlebnis vor Damaskus schlagartig ihre Lösung fanden.

Paulus war, wie er selbst sagt, ein Eiferer für das Gesetz. Er setzte all seine Kraft daran, die Forderungen des Gesetzes zu erfüllen. Ihm war nicht die heitere Gelassenheit des Psalmisten gegeben, der von sich sagen kann: *„Ich habe Freude an deinen Geboten, sie sind mir sehr lieb" (Ps 119,47)*. Auf jeden Fall entspricht die Auffassung des Apostels vom Gesetz nicht dem Selbstverständnis des Judentums. Er repräsentiert eine Erscheinungsform des Judentums.

Für Paulus wurden die Gebote zur drückenden Last. Er unterlag der Gefahr, die in jeder Gesetzesfrömmigkeit liegt, dass man sich darin so sehr mit sich selbst beschäftigt, alles richtig zu machen, um rechtschaffen vor den Menschen und wohlgefällig vor Gott dazustehen. Das nennt man Werkgerechtigkeit. Wer sich auf diesen Weg begibt, dem wird das Gesetz zur Geißel. Man kann sich noch so sehr abmühen und spürt nur, wenn man gegen sich selbst ehrlich ist, dass man hinter den Forderungen zurückbleibt. Nobody is perfekt. Diesen Versuch, vollkommen zu sein, nennt man theologisch Selbstrechtfertigung vor Gott. Die gehört nicht der Vergangenheit an, sie gibt es auch heute noch unter Christen.

In dieser Situation begegnet er Jesus in seiner Botschaft von der Liebe Gottes, der den Menschen einfach annimmt, wer er auch ist, woher er auch kommt. Gottes Gnade und damit ein Leben mit Gott und in Verantwortung vor Gott ist an keine Bedingungen geknüpft. Jeder ist einfach eingeladen. Man muss sich freilich auf diese Einladung einlassen. Diese Botschaft wirkt auf ihn wie eine große Befreiung. Das Gesetz erscheint ihm nun im Rückblick auf sein bisheriges Leben wie ein Fluch (Gal 3,13) und wird ihm zum Zuchtmeister auf Christus (Gal 3,24). Das gilt für sein Leben unter dem Gesetz als Mittel, sich vor Gott zu rechtfertigen, d.h. aus eigener Kraft sozusagen den Himmel zu verdienen. Das Gesetz bleibt auch für Paulus als gute Lebensordnung bestehen, die in der Liebe erfüllt sein will (Röm 13,10).

Es ist für das Verständnis des späteren Christentums wichtig, diese biographischen Hintergründe im Leben des Apostels Paulus zu kennen. Denn damit wird verständlich, wie gerade das für Laien kaum zu verstehende Thema der Rechtfertigung des Sünders allein aus Glauben zum zentralen Punkt in der Geschichte der Kirche werden konnte. Es war der Punkt, der aus Saulus einen Paulus werden ließ. Dadurch gewann dieses Thema eine so zentrale Rolle in seiner Theologie. Den Römern kann er später schreiben (Röm 3,28): *„So halten wir nun dafür, dass der Mensch gerecht werde ohne des Gesetzes Werke, allein durch den Glauben."* Das Wort gerecht wird in unserem Sprachgebrauch im juristischen Sinne verstanden als äquivalentes Verhältnis von Leistung und Gegenleistung. Biblisch beschreibt es die Gemeinschaft mit Gott, die im Vertrauen auf Gott im Glauben gelebt wird.

Die spätere Kirche sah im persönlichen Weg des Apostels zum Glauben einen für alle Christen zwingenden Weg. Dieser Weg wurde förmlich kanonisiert und zur Norm erhoben. Gesetz und Evangelium, Schuld und Vergebung wurden zum beherrschenden Thema. Menschen mussten wie Paulus unter dem Gesetz an ihrer Schuld zerbrechen, um dann durch die Liebe Gottes in der Vergebung der Schuld zu Gott zu finden. Von der frohen Botschaft Jesu, *„so euch der Sohn frei macht, so seid ihr wirklich frei"*, war hier nichts mehr zu spüren.

Paulus selbst dürfte über eine solche Verallgemeinerung seines Weges nur den Kopf geschüttelt haben. Er selbst spricht ausdrücklich davon, wie er sich auf die Lebenswelt der Menschen verschiedener Herkunft eingestellt hat. Wenn die Szene auf dem Areopag in Athen auch nicht historisch sein mag, so vermittelt sie doch einen Eindruck von der Missionspredigt des Apostels, wenn er sagt: *„Ich bin umhergegangen und habe eure Heiligtümer angesehen und fand einen Altar, auf dem stand geschrieben: dem unbekannten Gott. Nun verkündige ich euch, was ihr unwissend verehrt" (Apg 17,23).* Zusammenfassend sagt Paulus selbst: *„Ich bin allen alles geworden, damit ich auf alle Weise einige rette"* (1. Kor 9,22). Es gibt also verschiedene Wege, zum Glauben zu finden.

Im Judentum wird unterschieden zwischen der Thora und dem „Zaun um die Lehre", zu dem die Ritualgesetze zählen als Schutz vor Überfremdung und Hilfe, die eigene Identität zu wahren. Die Ritualgesetze sind der Thora nicht gleichgestellt, sondern sie bilden die Schutzwehr für sie. Die Erfüllung einer Zeremonialsatzung wird nie als „gute Tat" hingestellt. Mit der Heidenmission entfielen die Ritualgesetze. Aber für das Leben der jungen Gemeinde war es nun zwingend, sozusagen einen eigenen Zaun um das Evangelium Jesu zu errichten. Von Jesus hatte sie das Abendmahl übernommen. Die junge Gemeinde feierte statt des Sabbats den ersten Tag der Woche als Tag der Auferstehung des Herrn. Die spätere Kirche hat dann diesen „Zaun um das Evangelium" erweitert durch Rituale, Lehren und Dogmen zur Wahrung der eigenen Identität und zum Schutz vor Überfremdung. In diesem Zusammenhang haben sie ihr Recht. Aber der Zaun um das Evangelium hat in der Folgezeit das Evangelium als Glaubensgegenstand entleert und an die Stelle Dogma und Lehre gesetzt. Lehren und Dogmen sind nicht Gegenstand des Glaubens, sondern lediglich menschliche Meinungen. Wo sie sich zu Glaubensinhalten verfestigen, führen sie zur Spaltung der einen Kirche, die sich zu Jesus bekennt. Das einzige Dogma, das bleibende Gültigkeit hat, ist das Bekenntnis zur Heiligen Schrift als Grundlage des Glaubens, der allein aus dem Vertrauen auf Gott lebt.

Gleichzeitig wurde damit die Unmittelbarkeit zu Gott im Priestertum aller Gläubigen unterlaufen. Die rechte Lehre wurde zum Kennzeichen des christlichen Glaubens, die sich in der Liebe bewähren muss, während es für die Juden die rechte Lebenspraxis ist, die aus dem Glauben lebt. Glaube und Leben stehen in einer untrennbaren wechselseitigen Verbindung, die man theoretisch unterscheiden kann. Dann aber kommt man nur zur unfruchtbaren Diskussion nach dem bekannten Motto: Was ist zuerst, die Henne oder das Ei? Ein Leben aus dem Glauben an Gott motiviert zur Tat und die Tat stärkt den Glauben.

Die Abgrenzung von der jüdischen Gemeinde ging einher mit der Vorstellung, dass die Juden von Gott verworfen seien, weil sie in ihrer Mehrheit Jesus nicht folgten. Sie waren also aus der Gnade Gottes gefallen. So tritt das neue Volk Gottes, wie sich die Christen verstanden, an ihre Stelle durch Jesus in einem neuen Bund, in dem durch das Sühneopfer Christi die Gnadenzusagen Gottes aus dem Alten Bund auf die Christen übertragen wurden. Die Juden waren nun von der Gnade Gottes ausgeschlossen, es sei denn, sie ließen sich taufen. Mit dem Sühneopfer wurde sozusagen der endgültige Bruch mit dem Judentum vollzogen und ein neuer Anfang gesetzt.

Welche Folgerungen haben die christlichen Kirchen heute aus ihrer Anerkennung des bleibenden Bundes Gottes mit den Juden zu ziehen? Was heute gelten soll, muss auch schon damals gegolten haben. Eine Judenmission hat damit jede Berechtigung verloren. Aber es liegt darin auch die Rückfrage an die eigene Religion, wie man heute noch vom Sühnopfer Christi sprechen kann, wenn man den bleibenden Bund Gottes mit den Juden anerkennt, in dem es kein Sühnopfer mehr gibt.

Jesus hat den Weg zu den Völkern der Welt geöffnet. Doch die Mission blieb keine Einbahnstrasse. Griechische Philosophie, antike religiöse Vorstellungen und Riten sowie schließlich römisches Rechtsdenken durchdrangen die judenchristliche Überlieferung.

So wurde das Christentum eine synkretistische Religion, die viele dem Judentum fremde religiöse Praktiken in sich aufnahm. Das war der Preis, um eine weltweite Mission treiben zu können. Ebenso deutlich ist aber auch, dass die Juden nicht Christen werden konnten, denn damit hätten sie ihre eigene, in tausend Jahren gewachsene Identität aufgegeben. Heute versteht sich das Judentum als Gemeinde innerhalb der Welt.

Nicht ohne ein gesundes Glaubensbewusstsein fügt Leo Baeck hinzu: „Das Judentum bezeugt die Kraft des Gedankens gegenüber der Macht der bloßen Zahl und des äußeren Erfolges. Seine Existenz ist ein Beweis durch die Jahrtausende hindurch, dass der Geist nicht besiegt werden kann" (S. 306).

Viele sehen in Paulus den eigentlichen Begründer des Christentums. Er hat mit der Heidenmission den Prozess eingeleitet, der zur Ausbildung des Christentums als eigenständiger Religion gegenüber dem Judentum geführt hat. Als Theologe hat er die spätere abendländische Theologie grundlegend geprägt. Aber es ist die Botschaft Jesu gewesen, der ihn durch das Damaskuserlebnis erst auf diesen Weg gebracht hat, und Jesus bleibt für seine Mission der zentrale Bezugspunkt. Mit anderen Worten: ohne Jesus kein Christentum. Aber das Christentum hat sich dann in seiner weiteren Geschichte von Jesus entfernt.

Jedoch hat die Kirche als Heilige Schrift die hebräische Bibel als Altes Testament übernommen und die judenchristliche Überlieferung vom Evangelium Jesu als Neues Testament. Das sind die Quellen des christlichen Glaubens. Die Frömmigkeit der Christen lebt aus vielen Worten und Geschichten auch des Alten Testaments, besonders aus den Psalmen. So sind diese Quellen zugleich ein „Pfahl im Fleisch" der Kirche. Sie haben immer wieder zu Reformbewegungen geführt bis hin zur Reformation. In unseren Tagen ruft das apostolische Schreiben von Papst Franziskus: „Die frohe Botschaft Jesu" zum Aufbruch zu einer neuen Kirche auf. Man kann nur wünschen, dass diese Freude und Freiheit aus der Botschaft Jesu auch die protestantischen Kirchen zu ihrem Reformationsjubiläum erfüllt. Eine Erneuerung der Kirche fordert die Rückbesinnung auf das ursprüngliche Evangelium Jesu, das in seinem Kern aus einem durch ihn reformierten und weitergeführten Judentum lebt, wie er es aus der ihm gegebenen Vollmacht „erfüllt" hat.

Der Islam

Das allgemeine Bild des Islam wird heute weithin von den militanten Islamisten und Selbstmordattentätern bestimmt. Doch der Islam ist genauso wenig ein monolithischer Block wie das Christentum. Mohammed selbst versteht sich nicht als Religionsstifter, sondern er habe nur die alte Botschaft der Propheten angefangen bei Abraham über Mose und Jesus nun für die Araber in ihre Sprache gebracht. Er war überzeugt, das Gleiche zu predigen, was auch sie lehrten. *„Sprecht: Wir glauben an Gott und was auf uns herab gesandt ward und was auf Abraham und Ismael, auf Isaak und Jacob und auf die Stämme herab gesandt ward. Und an das, was Mose und Jesus überbracht ward und was überbracht ward den Propheten von ihrem Herrn. Wir machen zwischen keinem von ihnen einen Unterschied. Wir sind ihm ergeben" (Sure 2,136).* Von daher ist es zu verstehen, dass in dieser Zeit von 710 bis 722 auch die Gebetsrichtung Jerusalem war.

In Medina kommt es zu Spannungen mit den zahlreichen Juden, die ihn nicht als Prophet anerkennen wollten. Mohammed ließ sich dadurch nicht irritieren, sondern behauptete kühn, Juden und Christen hätten die Heiligen Schriften entstellt und verfälscht, echt seien allein die ihm offenbarten Worte. Sein Glaube sei im Grunde älter als der der Juden. Es sei der reine Glaube Abrahams. Er beruft sich auf Ismael, den Sohn von Abraham und Hagar, der als der Stammvater der Araber gilt und dem auch die Gründung des mekkanischen Zentralheiligtums zugeschrieben wird: die Kaaba. Der reine Monotheismus, erstmals von Abraham vertreten, dann von Juden und Christen verfälscht, sollte im Islam wieder lebendig werden. Mit dieser Abkehr von den Juden verband er auch die

Änderung der Gebetsrichtung von Jerusalem nach Mekka. – Mit der Hidschra (622) nach Medina wuchs Mohammed durch seine Autorität sehr schnell in eine politische Führungsrolle hinein. Es gelang ihm, die zerstrittenen Stämme Arabiens zu unterwerfen und unter dem Band des Islam zu vereinigen. Die folgenden Eroberungskriege unter seinen Nachfolgern waren nicht mit einer Zwangsbekehrung zum Islam verbunden. Man verhielt sich politisch klug. Die Verwaltungsstrukturen ließ man unangetastet. Den Schriftreligionen – Juden, Christen und Zarathustra-Anhängern – gewährte man als „Schriftbesitzer" Religionsfreiheit gegen Leistung einer Kopfsteuer. Bis in die Gegenwart hinein hat es so religiöse Minderheiten in den meisten islamischen Staaten gegeben.

Als Staatsoberhaupt haben auch seine Aussagen zu gesetzgebenden und juristischen Themen Eingang in den Koran gefunden. Es sind etwa 80 Verse von 6200 im Koran, die sich auf diese Themen beziehen. Sie bilden den Grundstock der Scharia. Mit Recht wird von den liberalen islamischen Theologen die Forderung erhoben, zwischen ewigen und zeitbedingten Aussagen im Koran zu unterscheiden. Entsprechendes gilt seit langem für die Bibel.

Ein radikaler Islamismus wurde im 18. Jahrhundert durch Muhammed Abdul Wahab begründet, nach dem die Bewegung der Wahabiten benannt ist. Sie standen unter dem Schutz der Familie Saud in Zentralarabien. Nach dem 1. Weltkrieg erreichte das Haus Saud die Herrschaft über die ganze arabische Halbinsel. Damit konnte die strenge Lehre sich über ganz Arabien ausbreiten. Aus den Wahabiten sind die Salafisten hervorgegangen, eine ultrakonservative oder auch neufundamentalistische Bewegung. Sie beziehen sich auf die Altvorderen (Salaf = Vorfahren), das sind die ersten drei Generationen des Islam.

Unter Mohammed ging es allein um die Unterwerfung der arabischen Stämme wie in Sure 2,190 f., die allgemein nur mit den Worten zitiert wird: *„Und tötet sie, wo (immer) ihr sie (die*

Ungläubigen) zu fassen bekommt." Im Wortlaut heißt es dort: *„Kämpft auf dem Wege Gottes gegen die, die euch bekämpfen! Doch begeht dabei keine Übertretungen! Siehe, Gott liebt die nicht, die Übertretungen begehen. Tötet sie, wo immer ihr sie antrefft, und vertreibt sie, von wo sie euch vertrieben haben!"* Ein Wort, das auf die arabischen Stämme bezogen ist, die noch an primitiven Religionen hingen mit zahlreichen Stammesheiligtümern. Das waren die Ungläubigen. *„Doch wenn sie sich von euch fernhalten und nicht gegen euch kämpfen, sondern euch Frieden anbieten, dann erlaubt euch Gott gegen sie keinen Weg"* (Sure 4,90).

Im Unterschied zum Christentum hat der Islam von seinen Anfängen an eine große Nähe zum Glaubenskrieg, wenn auch die späteren Eroberungskriege die Buchreligionen duldeten und erst im Zuge der weiteren Geschichte eine weitgehende Islamisierung der eroberten Gebiete erreicht wurde. Immerhin hat es bis in die Gegenwart hinein in den meisten muslimischen Staaten christliche Minderheiten gegeben. Für das Christentum waren die ersten drei Jahrhunderte Verfolgungszeiten. Erst durch die Staatskirche unterlag auch die Kirche der Versuchung, mit Gewalt den Glauben zu erzwingen. Doch das Leben und Sterben Jesu wie die Anfänge der eigenen Geschichte haben immer wieder kritische Geister geweckt.

Die Islamisten rufen zum Heiligen Krieg (Dschihad) gegen die Ungläubigen auf. Wer die Ungläubigen sind, definieren die Dschihadisten selbst. So kommt es zu einer Eskalation blinder Gewalt, Mord und willkürlicher Zerstörung. Sie berufen sich auf den Koran, den sie wie einen Steinbruch benutzen, indem sie nur die Worte heranziehen, die ihrer Ideologie entsprechen. Sie vertreten damit einen Islam der Unbarmherzigkeit, der in einem absoluten Gegensatz steht zum Ursprung des Islams als Religion der Barmherzigkeit. Mit einer Ausnahme beginnt jede Sure mit der Anrufung Gottes: „Im Namen Gottes, des barmherzigen Erbarmers."

Wir werden uns auf die Terroristen als eine auf unbestimmte Zeit während Herausforderung einstellen müssen. In überzeugender Weise schreibt der französische Journalist, dessen Frau bei dem Attentat in Paris umgekommen ist, in einem offenen Brief an die Attentäter: *„Meinen Hass, den bekommt ihr nicht. Ihr wollt, dass ich Angst habe und meine Freiheit für meine Sicherheit opfere. Vergesst es, ich bin und bleibe, der ich war."* Mutig und furchtlos für die Freiheit eintreten und sie nicht für die Sicherheit opfern!

Der islamische Theologe Mouhanad Khorchide hat wohl bewusst als Antwort auf die Verirrungen islamischer Gotteskämpfer sein Buch über die Grundzüge einer modernen Religion unter dem Titel veröffentlicht: „Islam ist Barmherzigkeit." – „Die Eigenschaft Gottes, mit der Gott sich am häufigsten beschreibt, ist die Barmherzigkeit" (S. 31). Sie ist eine Wesenseigenschaft Gottes. Mit diesem Gott ist nicht zu vereinbaren, dass junge Männer indoktriniert werden, indem ihnen ein Himmel in leuchtenden Farben geschildert wird, in den sie als Märtyrer sofort eingehen werden und der allein den Muslimen vorbehalten ist. Khorchide bemerkt dazu lapidar: „Gott aber interessiert sich nicht für Überschriften wie Muslim, Christ, Jude, gläubig, ungläubig usw., Gott geht es um den Menschen selbst, um seine Vervollkommnung, damit er ihn für sich, für seine ewige Gemeinschaft gewinnen und in sie aufnehmen kann" (S. 58).

Wenn man den Koran kritisch liest, wenn man zu unterscheiden weiß zwischen zeitbedingten und ewigen Aussagen, wie Korchide es tut, dann ist der Grundton des Korans das Zeugnis vom barmherzigen Gott als einzigem Gott aller Menschen. Die Sure 2,256: *„Kein Zwang ist in der Religion"* ist eine klare Absage an jede Gewaltanwendung. Im Umgang mit Juden und Christen sagt Sure 29,46: *„Streitet mit den Buchbesitzern nur auf schöne Art, doch nicht mit denen von ihnen, die freveln. Sprecht, wir glauben an das, was auf uns herab gesandt und was auf euch herab gesandt wurde. Unser Gott und* *euer Gott ist einer, Ihm sind wir ergeben."* In diese Richtung argumentieren heute die liberalen islamischen Theologen und islamische Intellektuelle. Es wird freilich mit Recht von ihnen beklagt, dass die große Mehrheit der Muslime eine schweigende Mehrheit ist, sodass die Radikalen das Wort führen und die öffentliche Wahrnehmung des Islam bestimmen.

In der Geschichte haben Muslime und Christen oft friedlich nebeneinander gelebt. Das klassische Beispiel ist das maurische Spanien, in dem fast 900 Jahre Muslime, Christen und Juden miteinander das Leben geteilt haben. Mit dem Ende der maurischen Herrschaft 1492 endete auch die Religionsfreiheit. Mauren und Juden wurden gezwungen, zum Christentum zu konvertieren oder das Land zu verlassen Die Juden gingen vor allem in arabische Länder, in denen sie ungehindert leben konnten. Ein gemeinsames Leben von Christen und Moslems ist im Grunde kein Problem. Das Problem sind die Fundamentalisten.

Das Entscheidende liegt darin, die Heiligen Schriften, das gilt für den Koran wie für die Bibel, im Zusammenhang zu lesen und auch die Zeitumstände zu berücksichtigen, unter denen sie verfasst worden sind. Die Worte der Heiligen Schriften wollen im geschichtlichen Zusammenhang verstanden und entsprechend im Zusammenhang der Gegenwart zur Sprache gebracht werden. Das erfordert Denkarbeit. Es ist geradezu verheerend, einzelne Worte aus dem Zusammenhang zu reißen und mit ihnen die jeweilige Religion zu identifizieren. Das sollte auch Christen zurückhalten, den Islam mit einzelnen Koranversen gleichzusetzen, wie sie selbst auch nicht mit dem Wort Jesus identifiziert werden möchten: *„Ich bin nicht gekommen, Frieden zu bringen, sondern das Schwert" (Mt 10,34).*

Wenn Glaube nicht mehr mit vernünftigem Denken verbunden ist, verliert er die Beziehung zum Leben und wird zu einer Ideologie, die keine Vernunftgründe mehr zulässt. Man kann nur hoffen, dass die gegenwärtige Radikalisierung auch innerhalb des Islams im eigenen Interesse als Herausforderung angenommen wird. Ein erster Ansatz liegt in der Stellungnahme von weltweit 120 – vornehmlich konservativen – Gelehrten aller Zentren islamischer Gelehrsamkeit. In deren Votum wurde eingehend die religiöse Argumentation des IS theologisch widerlegt. Freilich wurden noch nicht die Zeitumstände einzelner Aussagen des Korans kritisch berücksichtigt, wie es bei liberal denkenden islamischen Theologen zu finden ist. Sie lassen das gemeinsame Erbe aus dem Judentum deutlich hervortreten, das vor allen in den mekkanischen Suren überliefert ist. Hier liegt eine Nähe zu einem gemeinsamen Leben in Frieden und gegenseitigem Respekt. Es könnte ein Ansatz sein zur Ausbildung eines europäischen Islams. Man kann nur hoffen, dass die gegenwärtige Radikalisierung auch innerhalb des Islams zu einer Herausforderung führt, sich vor allem auf die mekkanischen Suren zu besinnen, die aus der prophetischen Zeit Mohammeds von dem einen Gott zeugen, der nach Mohammeds eigenen Worten Juden und Christen mit den Moslems verbindet. Wenn man liberale islamische Theologen und Intellektuelle liest, dann erkennt man deutlich das gemeinsame Erbe aus dem Judentum, das eine Nähe schafft zu einem gemeinsamen Leben in Frieden. Angesichts der gegenwärtigen Situation bleibt nur die Hoffnung im Vertrauen auf die Macht des Geistes, die sich am Ende durchsetzen wird.

Christentum und Weltreligionen

Die Veränderungen in der weltpolitischen Situation müssen auch zwangsläufig auf das Selbstverständnis der Religionen Auswirkungen haben. Das Christentum ist im späten Mittelalter vorwiegend die Religion des europäischen Kontinents gewesen. Im Gefolge der wirtschaftlichen und politischen Vormachtstellung Europas und unter den Fittichen des Imperialismus und Kolonialismus kam es zur weltweiten Ausbreitung des Christentums. Das Christentum war die Religion der Herrschaftsmacht.

Die politische Entwicklung des 20. Jahrhunderts hat zu einem Wechsel der Perspektive geführt. Im Zuge der Globalisierung und Migration sammeln sich muslimische Gemeinden in den Stammlanden des Christentums. Buddhistische Zentren bilden sich an vielen Orten. In den asiatischen Staaten hat das Christentum mit wenigen Ausnahmen bis heute nur geringen Einfluss erlangt. Die alten Hochreligionen haben über Jahrtausende bis zur Gegenwart eine ungebrochene Tradition bewahrt. Es ist eine offene Frage, ob und wie die politische, wirtschaftliche und technische Revolution diese alten Traditionen aufbricht und neue Entwicklungen zulässt.

Mit der Verlagerung der Machtzentren in der Welt ist auch das Selbstbewusstsein anderer Religionen gewachsen, die dem Christentum als selbstständige und mündige Partner sozusagen auf Augenhöhe begegnen. In einer Weltperspektive erscheint das Christentum als eine Hochreligion unter anderen.

Die eine Welt, in der heute alle Völker der Erde leben, bringt eine gegenseitige soziale, wirtschaftliche, finanzielle und klimatische Abhängigkeit. Durch das Internet gibt es eine weltweite Kommunikationsmöglichkeit. Der Stand von Information und Bildung wird sich durch die Technik mehr und mehr angleichen. Das führt auch zur Angleichung der Lebensverhältnisse. Diese Entwicklung muss das Bewusstsein schärfen für die gemeinsame wechselseitige Verantwortung, wenn die Menschen überleben wollen.

Es ist eine hochsensible weltweite Vernetzung im Entstehen, die eine Friedensordnung für die Welt geradezu herausfordert. Der Beitrag der Religionen muss zum einen dadurch erbracht werden, dass sie nicht für machtpolitische Zwecke instrumentalisiert werden. Das wird sehr schwer sein, da gerade in der Gegenwart neue Allianzen zwischen Religion und Politik geschlossen werden unter dem Gesichtspunkt der Wahrung nationaler Identität und Abgrenzung gegenüber kultureller „Überfremdung". Zum anderen darf keine Religion mit Gewalt anderen aufgezwungen werden. Religion muss durch sich selbst überzeugen und gewinnen durch ihre Botschaft, ihren Lebensstil und ihre Gemeinschaft. Eine Weltgesellschaft fordert religiöse Toleranz, die bei aller Bindung an die eigene Religion von gegenseitiger Achtung getragen ist. Darin liegt keine Zustimmung zur Überzeugung anderer, aber sie ermöglicht eine offene Begegnung und Gespräche, die den anderen besser kennen und verstehen lassen. Darin könnte langfristig ein Beitrag liegen, den Geist der Toleranz unter den Religionen zu stärken und den religiösen Fanatismus abzubauen.

Es bleiben erhebliche Unterschiede zwischen den Religionen, die nicht einfach miteinander zu vereinbaren sind, wenn man vor allem an die sozialen und gesellschaftlichen Auswirkungen denkt. Wo Angehörige verschiedener Religionen in einem Staatswesen zusammenleben, wird jeder Diskussion darin eine Grenze gesetzt, dass eine Zustimmung zu den Grundrechten und Pflichten eines Staates von allen Staatsbürgern ohne Unterschied gefordert werden muss. Wenn aber eine Gruppe wie die Salafisten Religionsfreiheit und demokratische Ordnung ablehnt, dann sind sie als verfassungsfeindliche

Organisation einzuordnen und entsprechend zu behandeln. Religiöse Toleranz hat hier ihre Grenzen.

Die Religionen haben die Aufgabe, gemeinsam ins Gespräch zu kommen und eine Verständigung zu finden über allgemeine Grundwerte, die für alle Menschen verbindlich sind. Es gibt bereits die Allgemeine Erklärung der Menschenrechte. Es kommt aber darauf an, diese Erklärung im allgemeinen Bewusstsein zu verankern. Hier sind die Religionen gefordert, die weithin die verschiedenen Kulturkreise geprägt haben und die für viele Menschen eine moralische Instanz sind. Sie haben die Aufgabe, von ihren Voraussetzungen aus die Menschen im gemeinsam Verbindenden zusammenzuführen. Ein erster Ansatz liegt in den von Hans Küng wesentlich geförderten Bemühungen um ein Weltethos. In der Erklärung des zweiten Parlaments der Weltreligionen von 1993 in Chicago heißt es programmatisch: „Keine neue Weltordnung ohne ein Weltethos." Es folgt ein Bekenntnis zur Humanität: „Jeder Mensch muss menschlich behandelt werden." Im dritten Abschnitt werden als ethische Grundforderungen aufgeführt: nicht töten (morden), nicht stehlen (berauben), nicht lügen (falsches Zeugnis geben), nicht Sexualität missbrauchen (Unzucht treiben). Als praktische Richtschnur wird auf die „Goldene Regel" verwiesen, wie sie auch in der Bergpredigt zu finden ist: *„Alles nun, was ihr wollt, das euch die Leute tun sollen, das tut ihr ihnen auch" (Mt 7,12)*. Als Sprichwort ist sie vielen bekannt: „Was du nicht willst, das man dir tu, das füg auch keinem andern zu."

Diese veränderte Weltsituation fordert von allen Religionen ein Umdenken. Innerhalb der christlichen Kirchen wird sich das allgemeine Interesse vom interkonfessionellen Gespräch auf den interreligiösen Dialog verlagern. Gemeinsam haben die Kirchen vor allem zu klären, wie der bisherige Anspruch, die allein wahre Religion zu sein, im Dialog mit den Religionen zu vertreten ist. Das Christentum muss akzeptieren, dass andere Religionen nach ihrem Selbstverständnis einen vergleichbaren Anspruch erheben. Wie soll es sich in diesem Kontext selbst verstehen? Es ist davon auszugehen, dass jeder nur in einer Religion seinen Glauben finden und bewahren kann. Das Leben des Glaubens ist ein lebenslanger Prozess in der Tradition einer Religion. Wer seine Religion verlässt, der muss einen langen und anspruchsvollen Weg auf sich nehmen, um in einer anderen Religion heimisch zu werden. Bei aller Nähe sind die Religionen in sich so unterschiedlich, dass kein Mensch mehrere Wege zugleich gehen könnte. Darum kann es auch keine einheitliche Universalreligion geben.

Heute praktizieren immer mehr Menschen Religion als Patchwork. Ich denke, innerhalb des Christentums hat es das schon immer gegeben. Der persönliche Glaube lebt von bestimmten Worten und Geschichten der Bibel wie von Psalmen und Liedern des Gesangbuches, die ihm im Leben wichtig geworden sind. Vieles kennt er gar nicht oder lässt es bewusst ruhen. Aber er bleibt in der christlichen Glaubenstradition. Anders scheint es mir zu sein, wenn einer wie eine Biene von Blüte zu Blüte fliegt, von Religion zu Religion, um Nektar für seinen Glauben zu saugen. Ich wähle bewusst das Bild von Bienen, weil sie beim Flug immer bei einer Blütenart bleiben, nur so können sie die Blüten bestäuben, dass sie Frucht bringen. Das ist meine Frage, ob bei solch interreligiösem Patchwork auch noch eine Frucht für das gemeinsame Leben gebracht wird, denn Religion ist immer Gabe und Aufgabe. Es darf nicht bei individueller Bedarfsdeckung bleiben.

Alle Hochreligionen haben eine eigene Geschichte der Weltdeutung und Lebensgestaltung begründet. Sicher kann man voneinander lernen, neue Zugänge zur eigenen Religion finden und den eigenen Glauben vertiefen. In der Gewissheit des eigenen Glaubens und der unbedingten Treue zur eigenen Religion ist der absolute Anspruch des christlichen Glaubens heute zu verstehen. Es ist damit ein Anspruch gegen sich selbst, in Treue bei dem zu bleiben, was einem vertraut ist von Jugend an.

Wie aber ist dann Mission unter diesen veränderten Weltverhältnissen zu verstehen? In der Neuzeit stand die Mission unter der Devise, Heiden zum Glauben zu bekehren. Das war keine Beziehung auf Augenhöhe, sondern die Wissenden standen den Unwissenden gegenüber. Damit waren klare Positionen gegeben. Ob sie immer berechtigt waren, soll hier nicht erörtert werden. Heute ist die Situation viel differenzierter und vielschichtiger durch die verschiedenen Religionen, Weltanschauungen und persönlichen Dispositionen. Hier ist Authentizität gefordert, die eine innere Souveränität verleiht, offen mit anderen Meinungen und Glaubensweisen umzugehen, und gleichzeitig einladend wirkt, sich auf den christlichen Glauben einzulassen. Und es kommt auf die Ausstrahlungskraft des gelebten Glaubens in der christlichen Gemeinde an, überzeugende Orientierung in der gegenwärtigen Welt zu geben. Einladung zum Glauben statt Bekehrung.

Es wird ein langer und schwieriger Weg sein, auf dem sich die Religionen angesichts der Weltsituation nähern müssen. Die unterschiedlichen Lehrauffassungen scheinen unüberwindlich zu sein. Den einzig gangbaren Weg zeigt Willigis Jäger auf, der die These vertritt, dass ein wirklicher Dialog zwischen den Religionen auf der Ebene der Erfahrung geführt werden muss und nicht auf der Ebene der Theologie. Erfahrungen verbinden über die Grenzen der Religionen hinweg, Lehren trennen. Es gehört ein hohes Maß an Hoffnung und Geduld dazu, diesen Weg zu beschreiten und durchzuhalten. Die globale wirtschaftliche Entwicklung schafft immer stärkere gegenseitige Abhängigkeiten, die ein engeres Zusammenrücken zwingend erfordern und damit auch die Menschen und Religionen einander näher bringen. Jedenfalls ist es unter den Folgen des 2. Weltkrieges den christlichen Kirchen und Konfessionen gelungen, in einem beachtlichen Teil zu einer

Gemeinschaft „in versöhnter Verschiedenheit" zusammenzufinden oder zumindest sich nicht mehr gegenseitig zu verdammen, dann könnte darin auch für die Religionen eine Hoffnung liegen: die Religionen der Welt in versöhnter Verschiedenheit.

Eine Hoffnung, die getragen ist vom Vertrauen auf die Macht des Geistes, die am Ende dominieren wird. Das ist kein frommer Wunsch, wenn man diese Hoffnung in der Perspektive der jüdischen Messiaserwartung sieht. Die jüdische Messiaserwartung ist wohl die mächtigste Kraft der Geschichte, die Juden trotz aller Verfolgungen und Erniedrigungen festhalten ließ an ihrem Gott und seinen Weisungen. In der Auffassung des reformierten Judentums wird das messianische Zeitalter aufgefasst als das Symbol einer Zukunft, in der die ganze Menschheit brüderlich geeint leben wird. In einer Hoffnung, die ihren Grund allein in Gott findet, liegt so eine Kraft für Christen und Juden, ihrem gemeinsamen Gott treu zu bleiben und seine Gebote unbeugsam in dieser Welt mit ihren Widersprüchen zu vertreten.